KB132065

교실 안팎에서 인지 잠재력을 깨우는

연결학습

Mandia Mentis · Marilyn Dunn-Bernstein · Marténe Mentis · Mervyn Skuy 공저
이경화 · 박정길 · 이동훈 · 최태영 공역

Bridging
Learning
Unlocking Cognitive Potential
In and Out of the Classroom (2nd ed.)

학지사

역자 서문

FIE(Feuerstein Instrumental Enrichment: 포이에르스타인의 도구적 심화)를 알게 된 지도 10여 년이 지났다. FIE 사고스킬 14가지 그림에서 시작된 포이에르스타인 박사의 연구 결과들을 보면서 감탄을 넘어 경외감을 느꼈다. 그러나 이와 관련하여 일반인들이 쉽게 읽고 접근할 수 있는 책이 없다는 것이 늘 아쉬웠다. 그러던 중에 이 책을 만나게 되었고, FIE의 14가지 사고스킬이 일목요연하게 잘 정리되어 있음에 마치 보물찾기에서 모든 보물을 싹쓸이한 느낌을 받았다. 이 책을 발견했을 때의 흥분이 아직도 마음에 남아 있다.

역자들은 이 책의 원저인 『Bridging Learning: Unlocking Cognitive Potential In and Out of the Classroom (2nd ed.)』을 『교실 안팎에서 인지 잠재력을 깨우는 연결학습』으로 번역하여 발간하게 되어 교육심리학과 교수-학습, 특히 초인지에 공통의 관심을 가지고 연구하고 가르치고 있는 학자로서 매우 즐겁고 보람을 느낀다.

연결학습(Bridging Learning)은 포이에르스타인이 제안한 14가지의 사고스킬을 활용하여 인지적 잠재력을 이끌어 내어, 이를 다양한 교과영역과 사회적 이슈 및 창의적 문제 등에 효과적으로 적용할 수 있도록 하는 활동과 연계되어 있다. 포이에르스타인은 도구적 심화(IE) 사고스킬 프로그램을 개발하여 인지적 결손으로 도움을 필요로 하는 아동과 청소년을 위해 활동을 시작했는데, 사고스킬의 활용은 영재들의 사고훈련에도 매우 효과적이다. 즉, 14가지 사고스킬을 적절하게 활용할 수 있도록 이끄는 연결학습은 인지학습을 하는 어떤 대상에게도 적용할 수 있으며, 학교뿐만 아니라 평생교육기관, 기업 및 지역사회 등 어떤 영역에서든 교육과 관련되어 있는 모든 이가 활용할 수 있을 것이다.

이 책의 저자들은 14가지 사고스킬을 체계적으로 정리하여, 삶의 한 측면에서의 경험을 삶의 다른 측면에 적용하는 과정으로 연결하기를 안내한다. 그리고 이러한 사고스킬을 인문학, 사회과학, 과학, 예술, 기술 등의 공식적인 학교현장과 일반, 건강과 자기 계발, 가정, 상담, 다문화 등의 비공식적 학습현장에 연결하는 사례를 제시한다. 이러한 연결은 원칙(principle)으로 이어지고, 스스로 발견한 원칙은 평생 지속되는 지식과 능력이 된다. 이 연결의 과정은 학생뿐만 아니라 연결을 돕는 교사와 학부모 등 교육활동에 참여하는 모든 구성원의 인지적 레퍼토리를 확장시키게 된다.

이 책은 서문에서 FIE 프로그램의 실행을 위하여 발달심리학자이자 교육심리학과 특수교육 분야에서 활동하고 있는 포이에르스타인의 기본 이론과 14가지의 사고스킬을 적용하기 위한 근거로서 IE에 대하여 설명하고 있다. 즉, 인간은 무한한 가능성을 가지고 태어나지만, 잠재되어 있는 사고의 가능성을 최대한 발휘하기란 쉽지 않다. 그러나 발달과정에서 변화를 촉진시킬 수 있는 중재학습경험(Mediated Learning Experience: MLE)과 학습의 상호작용을 접하고 지속적으로 인지 기능을 계발하게 된다면 잠재적 가능성은 실현될 수 있을 것이다. 이를 위한 도구가 바로 14가지의 사고스킬인 것이다.

그리고 조직화, 비교, 범주화, 공간에서의 상대적 방향, 공간에서의 기본 방향, 분석과 종합, 문제해결, 관계, 시간 개념, 지시문, 연속, 전이 관계, 삼단논법 그리고 스캐폴딩의 14가지 사고스킬에 대하여 구체적으로 설명하고, 이러한 사고스킬을 다양한 맥락에 연관 짓는 실제 사례를 제시하고 있다. 사례를 통해 이 책을 접하는 교육자들은 관련되어 있는 다양한 영역에 사고기술을 접목시킬 수 있는 적용점을 발견할 수 있을 것이다.

본 역자는 1986년 무렵에 인지심리학(Cognitive Psychology)에 심취하여 스키마(schema)와 초인지(meta-cognition) 연구를 시작하였으며, 초인지 전략을 활용하는 수업방법으로 '상보적 수업(reciprocal teaching)' 활동을 제안하였다. 그리고 학습자의 인지적 잠재력을 깨우기 위한 수업방법에 대한 고민과 인지, 초인지, 창의성이란 무엇이며, 이러한 인지능력을 어떻게 계발시킬 수 있을지에 대한 답을 얻기 위해 '학문'이라는 것을 시작한 이후 거의 모든 시간을 보냈다고 해도 과언이 아니다. 그런데 나의 이러한 고민에 대해 많은 답을 제공해 줄 수 있는 책이 바로 『교실 안팎에서 인지 잠재력을 깨우는 연결학습』이 아닌가 싶다.

이 책은 역자와 같은 고민을 하는 연구자와 교육자를 비롯하여, 다양한 학문분야와 영역에서 가르침과 관련된 활동을 하는 많은 이에게 유용하게 사용될 수 있을 것이라 믿는다. 학습자의 사고를 이끌어 내는 역할을 하는 14가지의 사고스킬을 잘 익힌다면, 학습자의 발달특성과 세부 학습영역의 특성과 교육의 목적에 맞도록 적정화하여 적용할 수 있을 것이다.

이 책의 공동 번역을 맡은 박정길 박사와 이동혼 박사, 최태영 박사와의 인연은 특별하며, 그러한 인연에 감사한다. Edu-코칭 영역을 개척하여 교사와 학생 간에 상호작용 방안을 마련하고자 노력하고 있는 박정길 박사, 수학적 사고의 표현방식에 대한 사고과정을 탐구하는 이동혼 박사, 수학교육정책과 사고, 성찰에 대해 탐구하는 데 노력을 기울이고 있는 최태영 박사, 이들 모두는 인지교육과 사고하는 방법에 대한 사고, 즉 초인지에 공통된 관심을 가지고 모였다. 그리고 『연결학습』에 이어서 『중재학습(Mediated Learning)』의 발간을 위하여 지금도 번역 작업에 열정을 쏟고 있다. 이 두 책은 많은 교육자에게 교실 안팎에서 인지적 잠재력을 깨울 수 있는 방향잡이로서의 역할을 해 줄 수 있을 것이다.

가르치고 배우는 것과 인지교육에 관한 많은 책이 있다. 그러나 이론에 초점을 두면 실용성이 아쉽고, 실용성에 초점을 두면 이론적 근거가 없는 워크북이 되기 쉽다. 그런데 이 책은 정말 감사하게도 이론적 근거하에 현장에의 적용방안을 함께 제시하고 있다.

'연결학습'의 14가지 강력한 사고스킬, 중재학습경험, 인지 기능과 역기능 그리고 인지 지도는 유치원생, 초·중등학생 그리고 성인의 인지와 사고 발달에 필수적이다. 연결학습의 개념과 방법은 우리의 학교와 삶의 현장에 다양하게 연결될 수 있으므로 교육학, 특수교육을 비롯한 평생교육과 다양한 분야에서 인지에 관심을 가지고 연구하는 학생과 교사 및 연구자에게 도움이 될 수 있는 내용으로 구성되어 있다.

이 책이 발간될 수 있게 해 주신 학지사 김진환 사장님께 특히 감사드린다. 언제나 좋은 책 만들기에 정성을 쏟으시고, 번역서가 지니는 한계에도 불구하고 흔쾌히 출판을 허락해 주시는 그 마음에 감사드린다. 그리고 역자들 이상으로 꼼꼼하게 교정을 봐 주시는 편집부 선생님들의 수고에도 감사드린다.

이 책의 발간을 계기로 하여 우리 번역진도 책임 있는 연구자이자 교육자로서의 소임을 다하기 위해 더 공부하고 연구할 것을 약속드린다.

2019년
역자 대표 이경화

저자 서문

『교실 안팎에서 인지 잠재력을 깨우는 연결학습(Bridging Learning: Unlocking Cognitive Potential In and Out of the Classroom, 2nd ed.)』은 교사, 부모, 지역사회전문가, 상담가를 비롯한 모든 교육자를 위해 만들어졌다. 이 책의 목적은 다양한 환경에 적용될 수 있는 14개의 주요한 사고스킬의 설명과 적용법을 제공하는 것이다. 이 책은 루벤 포이에르스타인(Reuven Feuerstein, 1980)의 도구적 심화(Instrumental Enrichment: IE) 사고스킬 프로그램에 기반을 두고 있다. 포이에르스타인 이론과 프로그램은 인지심리학의 발전에 지대한 영향을 미쳤으며, 오늘날 많은 교육 시스템에서 중시되고 있는 인지교육학의 시발점이 되었다.

인지교육의 목적은 사고스킬을 개발하고, 적응하는 행위를 향상시키며, 효과적인 기능과 자아실현을 증진시키는 것이다. 인지교육은 지적 성찰과 강화는 물론, 개인적이면서도 사회적인 변화가능성을 강조한다. 일반적으로 인지 발달, 특히 사고스킬이 교육과정의 중심이 되어야 한다는 인식은 사고를 향상시키는 다양한 프로그램을 개발하는 결과가 되고 있다. 포이에르스타인의 IE 프로그램은 그런 프로그램들의 모델이며, 14가지 구체적인 사고스킬과 그 적용에 초점을 두고 있다.

『교실 안팎에서 인지 잠재력을 깨우는 연결학습』은 포이에르스타인의 IE 프로그램에서 제시한 14가지 사고스킬을 요약·정리한 후 이를 적용하기 위한 다양한 사례와 활동을 제공하고 있다. 이 활동들은 공식적인 학교 교육과정에 연결할 수 있고 비공식적 교육에도 적용가능하다. 또한 제시된 삽화는 모든 국가와 문화가 직면한 세계적인 이슈와 문제를 사고스킬이 어떻게 해결하는지 보여주며, 창의적인 사고, 감정 발달 그리고 다문화 인식을 증진한다.

이 책은 IE 프로그램을 대체하기 위해 제시한 것이 아니라, 그것을 보완해 각 사고스킬을 사례로 연결해 그 활용성을 높이는 것을 목적으로 하고 있다. 연결(bridging)의 개념은 포이에르스타인의 이론에서 중요한 부분을 차지하는 것으로, 삶의 한 측면에서의 경험을 삶의 다른 측면에 적용하는 과정을 의미한다. 연결의 원칙과 규칙을 공식화한 다음, 다양한 상황에서 이러한 규칙과 원칙을 테스트하고 적용하며, 이 원칙을 다시 수정하고 공식화한다.

또한 이 책은 교육자의 인지적 레퍼토리를 향상시키기 위한 것이다. IE 프로그램에 포함된 사고스킬, 원칙 그리고 전략은 교실, 가정, 지역사회 등 광범위한 영역에 적용될 수 있다. 이것들은 확정적이거나 완전한 분야나 활동의 목록을 의미하는 것이 아니다. 창조성과 중재자와 학습자 간의 상호작용 정신에서 원래의 연결시키기 활동이 발생하는 것이 핵심이다. 따라서 이 책의 활동들은 창의적인 교사들이 14가지 사고스킬을 어떻게 더 연결시킬 수 있는지에 대한 사례를 제공한다. 1999년에 이 책의 초판이 발행된 이

후, IE에서의 연구와 훈련 및 인지교육은 지속적으로 발전하고 있
다. IE 프로그램은 20개 이상의 언어로 번역되었고, 서로 다른 대
륙과 서로 다른 문화권의 45개국 이상의 나라로 퍼져 나갔다. 이러
한 IE 프로그램의 다양성은 정규 학교 및 특수학습 필요 학생, 전
문대학과 종합대학, 기업 및 산업 환경, 임상재활환경 및 교도소,
노인 대상 프로그램에서 분명하게 나타난다.

이 책의 초판은 비트바테르스란트 대학교(University of the
Witwatersrand)의 인지 연구 프로그램(Cognitive Research Programme:
CRP, 1989~2004)의 결과물이다. CRP는 IE 프로그램의 기존 요소들
을 사범대학, 학교, 지역사회센터 등의 환경에 적용시켜 본 후, 응
용 발전시킨 것이다. 현재의 저자들이 코윈(Corwin) 출판사의 도움
을 받아 작업한 두 권(『Mediated Learning: Teaching, Tasks, and Tools
to Unlock Cognitive Potential』『Bridging Learning: Unlocking Cognitive
Potential In and Out of the Classroom』)의 초판 보완물이다. 이 두 출
판물은 모두 포이에르스타인의 IE와 중재학습경험(MLE) 프로그램
을 보완한 것이다.

『교실 안팎에서 인지 잠재력을 깨우는 연결학습』은 교육에 관련
되어 있는 모든 사람에게 매우 귀중한 자원이다. 이는 포이에르스
타인 이론과 그것에 대한 국제적 적용가능성, 14가지 사고스킬의
다양한 전문 분야에 대한 적용가능성을 보여 준다. 이 책은 인지교
육에 대한 유용한 참고문헌일 뿐만 아니라 교사, 부모, 지역사회전
문가 그리고 상담가의 사고스킬을 중재하는 데 훌륭한 실용 지침
서가 될 것이다.

차례

서문:
FIE 프로그램의 실행

> 효율적 사고의 구성요소는 무엇일까? 학생들의 인지 발달을 촉진시키기 위해 교사들은 교과내용을 어떻게 활용할 수 있을까? 부모님이나 보호자는 가정 내에서 아이들에게 사고스킬을 어떻게 가르칠 수 있을까? 사고스킬이 어떻게 대인관계능력 발달을 촉진시키고, 창의성을 향상시키고, 다문화 인식을 촉진시킬 수 있을까?

이 책은 앞의 질문들에 대하여 포이에르스타인의 도구적 심화 프로그램의 14가지 사고스킬을 공식적 교육환경과 비공식적 교육환경에 연결해 답해 보고자 한다. 14가지 인지작업의 각 단계에 대해 논하기 전에 도입부에서는 도구적 심화의 바탕이 되는 포이에르스타인의 이론에 대해 그 개요를 서술함으로써 그 틀을 제공한다. 이 14가지 사고스킬은 이후의 장들에서 설명될 것이며, 이러한 사고스킬들을 다양한 맥락에 연결하는 것에 대한 예시 또한 주어질 것이다.

포이에르스타인은 누구이며 그의 인지 이론은 무엇인가

루벤 포이에르스타인(Reuven Feuerstein)은 국제적으로 저명한 이스라엘의 심리학 교수이며 아동 발달 분야의 학자이다. 발달이 늦고 장애가 있는 개인과의 협력을 통해, 그는 검사(testing)와 가르침(teaching)의 혁신적인 방법을 개발했다. 현대의 심리학자들과 마찬가지로, 그는 사람들이 일생 동안 변하지 않고 고정된 특정한 지능을 지닌 채로 태어났다는 개념에 대해 반대한다. 그는 학습은 사회적 맥락에서 다른 사람들과의 지속적인 상호작용을 통해 일어나고, 우리의 인지 과정에서 변화와 변화가능성을 촉진하는 것은 상호작용이라고 제안했다.

포이에르스타인은 중재학습경험(Mediated Learning Experience: MLE)이라고 일컫는 학습 상호작용에 관한 이론을 개발했다. 그는 중재학습경험을 통해 학습자는 그가 인지 기능(cognitive functions)이라고 묘사한 효율적인 사고스킬을 발달시킨다고 믿었다. 효율적인 인지 기능은 포이에르스타인이 인지 지도(cognitive map)라고 칭하는 학습 과제를 다룸으로써 발달될 수 있다. 중재학습경험, 인지 기능 그리고 인지 지도에 관한 그의 이론의 세 가지 측면은 인지적 변화가능성 또는 학습자의 변화가 발생하는지 확인하는 데 사용할 수 있는 도구 또는 기술을 형성한다. 이러한 개념들은 삼각형 형태로 설명될 수 있으며, 이 삼각형의 핵심에는 모든 사람은 변화에 개방적이라는 믿음(구조적 인지 변화가능성)이 깔려 있다. 변화 혹은 변화가능성은 중재학습경험, 인지 기능, 인지 과제의 세 가지 기술을 사용함으로써 발생할 수 있다. 이것은 포이에르스타인의 삼각형에서 설명되어 있는데 이 삼각형의 세 점은 학습 과정의 삼중주, 즉 교사, 학습자, 과제와 관련되어 있다. 교사는 학습자와의 상호작용에서 중재학습경험의 기준을 사용함으로써 학습 상호작용을 이끈다. 학습자의 인지 기능에서의 변화는 이런 상호작용을 통해 일어난다. 중재 상호작용과 사고의 변화는 인지 지도를 사용해 학습 과제를 조정하고 분석해 나가는 것과 연관성이 있다.

다음의 다이어그램에 표현되어 있듯이, 포이에르스타인의 삼각형의 핵심은 모든 사람이 변화하고 배울 수 있는 가능성을 가지고 있다는 구조적 인지 변화가능성 이론이다. 이 변화는 중재학습경

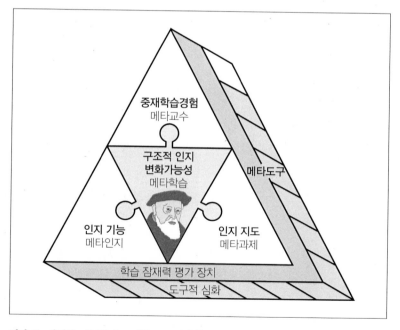

역자 주: 이러한 개념들은 코윈(Corwin)의 『Mediated Learning-Teaching, Tasks, and Tools to Unlock Cognitive Potential(2nd ed.)』과 그 자매출판물의 범위 내에서 다루어진다. 덧붙이자면, 부록에서 상세하게 다루어지고 있는데, 부록 A는 중재학습경험, 부록 B는 인지 기능, 부록 C는 인지 지도의 목록을 제공한다.

험이 학습자의 사고스킬(인지 기능)에 초점을 맞추고 인지 지도를 이용하여 학습 과제를 조정하는 동안 발생한다.

중재학습경험은 학습 상호작용을 묘사하는 12가지 기준으로 이루어져 있다. 부록 A에 이들에 대해 자세히 나와 있다. 중재학습경험의 세 가지 필수 요소는 의도와 호혜성(집중학습), 의미(목적학습) 그리고 초월(연결학습)이다. 어떠한 학습 상호작용에서든 이 세 가지의 기준을 조정하는 것은 비판적 사고스킬을 발전시키는 데 필수적이다. 나머지 9가지 기준은 학습을 증진시키기 위해 다른 맥락에서 다른 방식으로 사용된다. 이들의 예시는 다음 장의 이어지는 설명에서 제시된다. 학습 상호작용에서 중재학습경험을 사용하는 것은 가르침에 대한 사고 혹은 메타교수(metateaching)와 관련있다.

인지 기능은 사고의 세 단계에 따라 분류된다. 입력 단계(자극을 받아들이기), 정교화 단계(문제에 대해 충분히 생각하기) 그리고 출력 단계(반응 소통하기)가 그것이다. 이 세 단계는 부록 B에 표로 제시되어 있다. 인지 기능 목록은 사고의 유용한 설명을 제공하고, 과제 해결에 어려움을 겪을 수도 있는 학습자를 더 잘 이해하고 도와주는 데 사용될 수 있다. 목록의 예시들은 다음 장의 이어지는 설명에서 제시된다. 사고에 대한 사고는 메타인지(metacognition)와 관련있다.

인지 지도는 학습자가 어려움을 겪을 수 있는 곳을 평가하기 위해 과제나 학습경험을 평가하고 구성요소로 분해하는 데 사용되는 도구이다. 인지 지도는 네 가지 분석 층을 제공한다. 과제의 내용 또는 주제, 과제의 표현 방식 또는 언어, 과제의 추상성과 참신성 및 복잡성 수준 그리고 과제에 필요한 인지 작용이다. 인지 지도는 부록 C에 설명되어 있다. 그것은 과제를 분석하고, 층을 변경함으로써, 학습자를 위한 과제 해결에 다른 대안 접근법을 제공하는 유용한 도구이다. 작업의 차원을 조정하는 것은 학습경험에 대한 다양한 접근 방식을 제공한다. 이에 대한 예시는 다음 장에 이어지는 설명에 제시되어 있다. 학습경험을 적용하는 방법에 대한 사고는 메타과제(metatask) 분석과 연관되어 있다.

　포이에르스타인 접근 방식의 목표는 자율적이고 독립적인 학습을 촉진시키는 것이다. 포이에르스타인에 따르면 이 목표는 삼각형에 묘사되어 있는 세 가지의 기술을 통해 성취될 수 있다. 구조적 인지 변화가능성(또는 변화)은 인지 지도를 사용한 과제의 조정을 통해 인지 기능을 재조정하는 데 중재학습경험의 기준을 사용함으로써 달성될 수 있다. 그래서 적합한 과제를 적합한 종류의 상호작용과 함께 사용함으로써 학습자의 인지 발달과 변화가 학습자를 위해 일어날 수 있다.

　이러한 기술들은 포이에르스타인의 두 프로그램들(메타도구)의 근거가 되는 포이에르스타인 접근 방식의 기초를 형성한다. 첫 번째 프로그램은 학습 잠재력 평가 장치(LPAD)라고 불리는 것으로, 포이에르스타인에 의해 발전된 평가 패키지이다. 이 프로그램은 중재학습경험을 통해 개인의 학습 잠재력에 대한 다양한 평가를 제공한다. 포이에르스타인이 개발한 두 번째 프로그램은 이 책의 주제로서, 도구적 심화(IE)의 사고스킬 프로그램이다. 이 두 프로그램은 포이에르스타인 이론의 산출물 또는 응용 프로그램으로 개념화할 수 있다. 두 프로그램 모두 프로그램의 핵심으로서, 구조적

인지 변화가능성에 대한 확신을 가지고 있다. 또 두 프로그램 모두 인지 지도를 이용한 과제 조정을 통해 학습자의 인지 기능을 발전시키는 데 있어 중재학습경험에 의존하고 있다. 이론에 대한 이 두 프로그램 간의 연결은 앞선 다이어그램과 같이 설명할 수 있다. 여기서 이론과 기술은 포이에르스타인 삼각형을 형성하고 프로그램은 이론과 기술에 부합하는 산물이다.

도구적 심화(Instrumental Enrichment: IE)는 무엇인가

포이에르스타인의 IE 프로그램은 사고스킬을 증진시키기 위해 연필과 종이를 이용한다. IE 프로그램은 서로 다른 사고스킬 혹은 인지 작업을 소개하는 14가지의 도구로 구성되어 있다. 그 '도구들'은 14개의 영역에서 사고를 풍부하게 하는 도구이다. 이 책에서 각각의 사고스킬이 설명되고 그 후 공식적인 학습환경과 비공식적인 학습환경 모두에 적용된다. IE를 이용하는 연구의 관련성은 각각의 장에서 설명된다.

다른 사람들은 IE에 대해 어떻게 말할까?

"도구적 심화(IE)는 학습을 배우기 위한(learning to learn) 전략으로 가장 간단하게 설명된다. 그것은 넓은 범위의 정신 작용과 사고 과정을 포함하는 추상적인, 내용이 자유로운, 조직적인, 공간적인, 일시적인 그리고 지각적인 활동들을 사용한다. 포이에르스타인의 IE 프로그램의 목적은 (손상된) 사람의 전반적인 인지 구조를 수동적이고 의존적인 인지 유형에서 자율적이고 독립적인 생각을 하는 사람처럼 바꿈으로써 변화를 주는 것이다."(Feuerstein & Jensen, 1980, p. 401)

"IE 활동의 전반적인 목표는 부진아들을 세상에서 훨씬 더 융통성 있고 사색적인 사람으로 변화시키는 것, 즉 그들을 학습하고 조정하는 것에 있다. 아이들의 사고 구조를 바꾸고 강화함으로써, IE는 그들이 자극과 경험에 더 수용적이 되도록 하며, 일생에서 (물론, 학교에서도) 마주하게 되는 새로운 상황에 더 잘 대처할 수 있도록 한다."(Sharron, 1987, p. 96)

IE에 대한 아이들의 반응

"그것은 두뇌를 더 명석해지게 만든다."
"그것은 예전에 급하게 무엇을 하곤 했던 나를 충동적이지 않게 했어."
"그것은 내가 새로운 것에 두려움을 느끼지 않게 도왔어."
"그것은 내가 생각할 수 있게 도왔어."
"그것은 내가 다른 공부를 할 수 있게 도와줘."

(Sharron, 1987, p. 95)

IE에 대한 선생님들의 반응

"그것은 학생들의 사고를 뒷받침하는 과정에 대한 통찰력을 제공했다."
"그것은 질문을 하는 법과 하나 이상의 정답이 있다는 것을 인정하는 법을 보여 주었다."
"더 많은 도구적 심화가 필요하다."
"그것은 고등학교에 도입되어야 한다."
"나는 대상을 바라보고, 그것을 수행하는 여러 다른 대안적인 방법들을 찾았다."
"그것은 내가 정답에 집중하기보다는, 문제에 대한 다양한 접근을 시도하도록 도왔다."

(Skuy, Lomofsky, Green, & Fridjhon, 1993, p. 92)

이 책의 목표

이 책의 목표는 포이에르스타인의 IE 프로그램에 제시된 사고스킬을 정교화하고 연결 짓는 것이다. 이 책은 14개의 사고스킬이 무엇인지, 그것이 왜 중요한지 그리고 언제 어디서 그것들이 사용될 수 있는지에 대한 설명을 제공함으로써 포이에르스타인의 IE 프로그램의 좋은 동반자가 될 것이다. 그리고 이 책은 공식적 · 비공식적 학습영역에서 그 기능들을 적용시키기를 제안한다. 사고스킬과 공식적(형식적) 학습 상황을 연결 짓는 것의 예로서 교실에서의 상황과 특정 과목 내용이 제시되었는데, 이는 학교에서 사고스킬을 어떻게 전달할 수 있을지 보여 준다. 또한 비공식적(비형식적) 학습영역에 대한 예시도 주어져 있는데, 집과 공동체 생활 속에서의 일상적 활동들이 인간관계 발달, 창의력 향상, 다문화적 인식의 촉진 등을 하게 하는 사고스킬을 가르칠 수 있음을 보이고 있다.

이 책의 구성 방식

연결학습(인지 잠재력을 깨우는 사고스킬)에 관한 14장 모두의 구성 방식은 똑같다. 각각의 장은 하나의 사고스킬/인지 작업을 다룬다. 각 장의 개요는 다음과 같다.

- 포이에르스타인의 IE 도구와 연관된 사고스킬의 소개와 IE 도구의 로고와 상징에 대한 설명
- 이것이 무엇이고, 왜 이것이 중요하며, 언제 그리고 어디서 사용되는지 등 사고스킬에 대한 설명
- 도구와 관련 있는 논란이 많은 논평이나 반론을 제공하는 인

지 수수께끼

- 학교 상황과 교육과정 등 공식적 학습환경에 사고스킬을 연결 시키는 사례들
- 집, 지역사회 혹은 상담 환경 등 비공식적 학습환경에 사고스킬 을 연결시키는 사례들
- 집, 학교, 지역사회 등을 포함하는 광범위한 환경에의 적용을 보여 주는 실제 사례들
- 사고스킬이 포이에르스타인의 중재학습경험, 인지 기능 그리고 인지 지도에 대한 이론과 어떻게 통합되었는지에 대한 개요
- 다양한 상황, 국가 및 다른 인구 집단에서 IE를 사용하는 연구 프로젝트를 개관하는 문헌에서 제공되는 사례를 통해 인지교 육에 대한 국제적 연구 들여다보기
- 마지막 인용구는 각 장의 전반적인 메타인지 성찰을 위해 제시

사고스킬	포이에르스타인의 도구
조직화(Organization) 제1장은 '점의 조직'에 대한 포이에르스타인의 도구를 다룬다. 이는 분절적이고 서로 관련이 없는 요소들을 연결 짓거나 구조화함으로써 규칙을 만들어 내는 내용을 담고 있다.	
비교(Comparisons) 제2장은 '비교'에 대한 포이에르스타인의 도구를 다룬다. 이는 적절한 기준으로 요소들 간의 공통점과 차이점을 찾는 내용을 담고 있다.	
범주화(Categorization) 제3장은 '범주화'에 대한 포이에르스타인의 도구를 다룬다. 이는 적절한 원칙에 따라 요소들을 분류하고, 특정한 층이나 그룹으로 항목들을 배치하는 내용을 담고 있다.	
공간에서의 상대적 방향 **(Relational Orientation in Space)** 제4장은 '공간에서의 방향Ⅰ'에 대한 포이에르스타인의 도구를 다룬다. 어떤 대상의 공간에서의 상대적 위치는 기준이 되는 내부 참조 체계(대상이 바라보고 있는 방향)에 따라 결정된다.	

공간에서의 기본 방향 (Cardinal Orientation in Space) 제5장은 '공간에서의 관계 II'에 대한 포이에르스타인의 도구를 다룬다. 이는 어떤 대상의 위치를 표시하기 위해서 나침반의 기준점들(동서남북)을 이용한다.	
분석과 종합(Analysis and Synthesis) 제6장은 '분석적 지각'에 대한 포이에르스타인의 도구를 다룬다. 이는 전체를 부분으로 쪼개는 기술과 여러 부분들을 하나의 통합된 전체로 만드는 기술과 관련되어 있다.	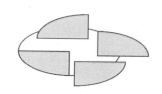
문제해결(Problem Solving) 제7장은 '묘사'에 대한 포이에르스타인의 도구를 다룬다. 무언가가 잘못되었음(불균형)을 인지하는 것, 그것이 잘못된 이유를 찾는 것 그리고 옳은 상태로 만들기 위한 해답을 찾는 것 등을 포함한다(시스템에 맞는 균형 회복).	
관계(Relationships) 제8장에서는 '가족 관계'에 대한 포이에르스타인의 도구를 다룬다. 이는 두 명 이상의 사람들이나 조직들 간의 연결과 서로의 관계를 유추하고, 이해하고, 설명하는 것에 집중한다.	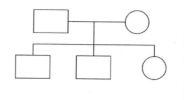

시간 개념(Temporal Concepts) 제9장에서는 '시간 개념'에 대한 포이에르스타인의 도구를 다룬다. 이는 시간의 개념에 대해 이해하는 것이다.	
지시문(Instructions) 제10장에서는 '지시문'에 대한 포이에르스타인의 도구를 다룬다. 이는 정보의 코딩(주는 것)과 해독(받는 것)에 대한두 개의 상호과정과 관련되어 있다.	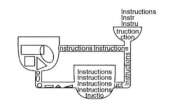
연속(Progressions) 제11장에서는 '연속'에 대한 포이에르스타인의 도구를 다룬다. 이는 사건들 간에 반복적인 패턴이 나타날 때, 이 패턴을 결정하는 규칙을 파악하는 것에 집중한다.	
전이 관계(Transitive Relations) 제12장에서는 '전이 관계'에 대한 포이에르스타인의 도구를 다룬다. 이는 두 개의 항목 쌍에서 세 번째 쌍으로 정보를 전송하는 데 초점을 맞춘다.	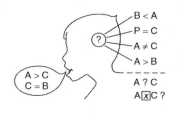

삼단논법(Syllogisms) 제13장에서는 '삼단논법'에 대한 포이에르스타인의 도구를 다룬다. 이는 삼단논법 논리에 중점을 두고 있는데, 삼단논법 논리에서는 두 개의 주어진 전제가 공통의 교집합을 가질 때, 세 번째 명제(결론)가 추론된다.	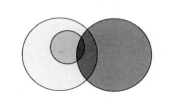
스캐폴딩(Scaffolding) 제14장에서는 '표상적인 스텐실 디자인'에 대한 포이에르스타인의 도구를 다룬다. 이는 결과물을 보면서 사건이나 결과를 정신적으로 재구조화하는 인지 작업에 집중한다.	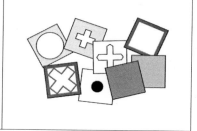

출처: Feuerstein, R., & Jensen, M. (1980). Instrumental enrichment: Theoretical basis, goals and instruments. *Educational Forum 44*(4), 401–423.

1

조직화
Organization

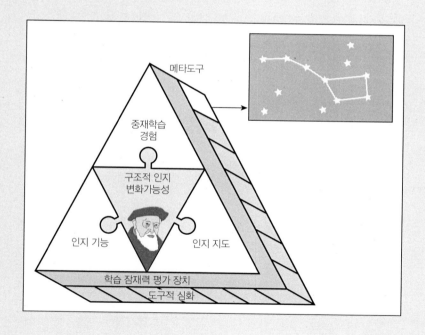

이 장에서 알아볼 사고스킬은 조직화(Organization)이다. 조직화는 분리되고 연결되어 있지 않은 항목들에서 순서를 창조하는 것이다. 순서는 개념을 연결하고, 재구성하고, 정리하는 것을 통해 달성된다. 예를 들어, 아무런 관련이 없어 보이는 사람들을 가족, 친구, 동료 등 다른 형태의 관계로 연결하는 것이다.

조직화에 관련된 사고스킬은 포이에르스타인(1980)의 도구적 심화(IE) 프로그램의 점을 이용한 조직화에서 배울 수 있다. 점을 이용한 조직화에서 포이에르스타인의 상징은 북반구에서 쉽게 찾을 수 있는 별자리인 북두칠성이다. 북두칠성 상징에서, 상상의 선은 별들을 인식할 수 있고 구별 가능한 패턴으로 연결한다. 항목들 하나의 패턴으로 연결하는 것은 조직화의 인지 작업을 묘사한다.

조직화—무엇을, 왜, 언제 그리고 어디서

> • 왜 사전은 ㄱ에서 ㅎ의 순서로 정렬되어 있는가? 도서관에서는 책을 어떻게 정리하는가?
> • 슈퍼마켓에서 우유를 찾기 위해서는 어디로 가야 하는가?
> • 달력과 시간표는 어떻게 만들어지는가?

이러한 종류의 질문에 대답할 수 있는 능력은 조직화의 사고스킬에 달려 있다. 우리는 관련되지 않고 연결되지 않은 것처럼 보이는 자극들의 세상에 태어난다. 순서는 관계나 규칙에 따라 대상이나 사건을 연결하는 것을 통해서 이러한 자극들에 부여된다. 이것이 조직화의 과정이다. 서로 다른 문화, 사회 또는 단체는 사건, 활동, 대상 그리고 자극을 그 사회의 문화 또는 환경의 풍습과 관습에 따라 각기 다른 방식으로 조직화한다. 조직화야말로 세계에 의미와 목적을 부여하는 활동인 것이다.

만약 조직화가 없었더라면 우리는 포이에르스타인(1980)이 제창한 현실에의 단편적인 접근에 빠졌을 것이다. 단편적인 현실에서, 세계는 분리되고, 고립되고, 서로 관련 없는 단편, 사건 또는 대상으로 가득 찬 것처럼 인지된다. 조직화가 이뤄지지 않은 현재의 인지는 혼란과 혼돈을 야기할 수 있다. 단편적인 현실의 혼란과 혼돈을 극복하기 위해서 조직화 스킬이 중재된다. 이것은 상황과 문화에 따라 달라진다. 예를 들어, 달력의 달과 연을 계산하는 방법은 기념일과 종교에 따라 달라진다. 글씨는 문화와 언어에 따라 오른쪽에서 왼쪽으로 쓰거나 왼쪽에서 오른쪽, 심지어는 위에서 아래로 쓰기도 한다. 정보 또한 책의 장(章)처럼 순차적으로, 선형적으로, 논리적 순서에 따라 조직화되거나, 인터넷이나 개념도처럼 동시적으로 복잡하게 그물처럼 얽힌 방식으로 조직화될 수 있다. 조직화 문화는 스킬이 중재되듯이 전승된다. 따라서 문화와 환경은 명백한 혼돈 속에서 대상을 연결하고 순서를 만드는 관계를 통해 중재된다.

조직화 사고스킬은 무엇인가

조직화는 대상, 사건과 연결을 지배하는 규칙, 체계 혹은 기준을 창조하거나 인식하는 것이다. 예를 들어, 사전에 기록된 단어들은 알파벳의 순서 체계에 따라 조직화된 것이다. 항공 여행은 미리 계획된 비행기의 출발 시간과 도착 시간에 따라 조직화된다. 빨래할 때 흰옷, 색깔 있는 옷, 어두운 색 옷 그리고 장신구가 달린 옷으로 분류해서 세탁하는 것은 일반적인 법칙이다. 문학 작품이나 음악은 장르, 스타일 또는 시대에 따라 조직화될 수 있다. 학교 내 학급은 학생의 나이나 배우는 과목의 수준 등의 기준에 따라 조직화된다.

조직화 사고스킬은 왜 중요할까

조직화 기법을 가르치는 데에는 여러 가지 이유가 있다. 조직화는 이해를 돕고, 순서와 의미를 창조하며, 효율성과 편의성을 높인다. 예를 들어, 수필이나 보고서는 서론, 본론, 결론으로 조직화되었을 때 더 명확해진다. 법의 체계에 따라 조직화된 법은 사람들이 그들의 권리를 이해할 수 있도록 구조를 제공한다. 일기장을 쓰거나 일지를 쓰는 것은 우리가 시간을 보다 생산적으로 사용할 수 있게 한다. 상품 종류별로 조직화된 할인점 또는 슈퍼마켓은 식료품, 주방용품, 원예 도구 및 의류와 같은 것들을 더 쉽고 빠르게 찾을 수 있게 해 준다.

조직화 사고스킬은 언제 그리고 어디서 이용될까

조직화가 이용되는 환경과 상황은 매우 다양하다. 시간은 초,

분, 시간, 일, 주, 계절, 년, 세기 등으로 조직화될 수 있다. 대상은
다양한 기준에 의해 그룹화할 수 있다. 예를 들어, 상점의 음식, 도
서관의 책 그리고 옷장의 옷과 같은 것들을 말한다. 활동은 파티,
산책, 대회 그리고 놀이 등 모두 다른 요건에 따라 다양하게 계획
하고 정리할 수 있다. 생각과 사상은 다양하게 조직화될 수 있는
데, 예를 들어 시, 개념도, 개요, 주장은 모두 다른 형식을 가진다.
지식은 다양한 분야로 조직화되는데, 과학, 미술, 인문학과 같이
나뉜다.

○ 인지 수수께끼-조직화

어린아이에게 꾸준히 조직화를 중재하는 부모와 교사가, 실은 학생들의 창
의성 발전에 방해가 된다고 주장하는 사상이 있다. "이 옷을 모두 저 선
반 위에 정리해." "초록 블록은 이 박스에 넣는 거야." "벽을 따라 한 줄로
서."와 같은 말들이 학생들로 하여금 자유롭게 창의적 재능의 세계를 탐험
할 자유를 앗아 간다는 것이다. 우리는 과도하게 조직화된 세상에 살고 있
는가?

어떻게 생각하는가?

조직화를 공식적 학습환경에 연결하기

다양한 공식적 학습경험이 조직화를 중재하는 데 사용될 수 있다.

인문학

- 사전의 편집 방식에 익숙해져 더 효율적으로 사용할 수 있도록 노력하고, 특정 주제 또는 부제를 사용한 수필이나 보고서를 기획하라.
- 언어, 문법 그리고 단어 구조가 품사, 접속사, 접두어 및 접미어 등의 관점에서 어떻게 조직화되는지를 중재하라.

사회과학

- 연표를 제작하여 역사적 사건의 순서를 표현해 보라.
- 지도(정치적, 물리적, 시사적 또는 등고선)를 이용하여 사람, 토지 그리고 자원이 어떻게 조직화될 수 있는지 검토하라.

과학

- 생태계가 먹이 사슬, 생애 주기와 같은 것으로 어떻게 조직화되는지 검토하라.
- 신체 체계의 구성과 작용에 대해 논의하라(예: 호흡계, 소화계, 신장계 등)
- 통계 데이터를 선 그래프, 원 그래프, 막대 그래프 등으로 조직화하라.
- 계산의 편의를 위해 수치의 단위가 어떻게 설정되는지를 보이라(십 단위, 백 단위, 그 외의 단위 등).

예술

- 시나 그림, 음악 등의 미술 작품이 가치 이해를 위해 어떻게

조직화되는지 검토하라.
- 다양한 건축사적 시기에 따라 생활공간이 어떻게 조직화되었는지 보이라.

기술

- 인터넷 구조의 조직화를 검토하고 그것이 어떻게 세계적인 규모의 연구와 통신을 용이하게 만드는지 보이라.
- 제조 조직의 활동을 노력의 효율성, 노동 사용, 기계의 배치, 안전 측정 등의 관점에서 선택하고 분석하라.

조직화를 비공식적 학습환경에 연결하기

일반

- 공부하는 스킬을 향상시키라. 예를 들어, 공부 시간표, 공부방 그리고 마인드맵 또는 개요의 특정 주제 내용을 구성하기 위해 조직화 원칙을 적용하라.
- 완성된 글을 확인하거나 교정하는 데 항상 쓰일 수 있는 계획을 개발하라.

건강과 자기 계발

- 해체를 위한 해결책으로 조직화를 고려하라. 해체는 분노나 절망, 낮은 자존감 등 부정적인 감정으로 이끌거나, 일반적 방식으로 대처할 수 없고 압도당하는 느낌을 만들 수 있다.

- 개인의 스트레스를 줄일 수 있도록 하루를 조직화하기 위해 노력하라. 예를 들면, 쉬거나, 명상을 하거나, 취미나 흥미에 따라 활동을 하는 것을 말한다.

가정
- 아이들에게 슈퍼마켓에서 상품들이 어떻게 그리고 왜 조직화되는지 중재시켜 일상적인 쇼핑을 더 의미 있게 만들라. 예를 들어, 상하기 쉬운 음식들이 어떻게 냉장고에 저장되어 있고 청소 도구가 어떻게 음식들에게서 분리되어 있는지를 보여 주라. 아이들이 구매한 물건을 집에서 꺼낼 때 이러한 조직화 원칙에 따라 분류하도록 북돋아 주라. 생활공간을 기능적으로, 미적으로 조직하라.
- 개인적 예산을 구조화하여 돈을 관리하라.

상담
- 결정을 할 때 생각을 조직화하라. 예를 들어, 최종적인 결정을 내리기 전에 모든 대안들의 찬반양론을 확인하라.
- 조직의 계급, 권력 구조, 규칙과 규제 등에 관하여 조직을 조사하고, 그런 것들이 개인에게 어떻게 영향을 주는지 탐색하라.

다문화
- 다른 나라나 문화권에서 온 친구나 동료와 하루를 보내고, 그들이 하루의 사건, 사회적 또는 종교적 의식의 구조, 식사 준비, 가족 서열이나 집안의 상황들에 관하여 하루를 어떻게 조

직화하는지 관찰하라. 당신이 관찰한 것이나 느낌을 기록하
고, 당신의 경험을 보여 줄 때 조직화 스킬들을 적용하라.

조직화의 적용—에너지 절약

조직화에 관련된 스킬들은 가정 장면에 적용될 수 있다. 예를 들
어, 어떤 가족이 에너지 절약의 중요성과 그것이 지구에 미치는 영
향에 대해 토론하고 있다고 생각해 보자.

필요하지 않은 불을 끄거나 샤워를 더 짧게 하고, 쓰레기들을 재
활용하는 것과 같이, 에너지 사용을 최소화하는 가족들의 행동들
이나 습관들을 브레인스토밍하는 것으로 시작해 보자. 이러한 조

직화 과정의 일부는 다양한 가족 구성원에게 과제를 분담하는 과정을 포함한다. 예를 들어, 아빠에게는 샤워기 헤드를 교체하는 일을 맡기고, 엄마에게는 에너지 절약 전구를 사는 것을 맡기고, 할머니에게는 아이들이 남은 채소와 음식 등으로 비료더미를 만드는 것을 돕는 일을 맡기는 것과 같은 것을 말한다. 이러한 계획은 에너지 절약 노력을 측정하고 목표를 달성하기 위해 생활 습관과 행동들을 재조직화하는 것을 평가하는 과정을 포함한다.

조직화 중재에서 포이에르스타인의 이론

포이에르스타인(1980)의 이론은 사고스킬의 발달에 영향을 미치는 세 영역에 집중한다. 이 세 영역은 중재자가 주도하는 상호작용 형태인 중재학습경험(MLE), 학습자의 사고스킬인 인지 기능, 학습 과제에 대한 분석인 인지 지도로 이루어져 있다. 이러한 세 영역은 중재자, 학습자, 학습 과제 사이의 상호작용을 분석하는 기법들을 제공한다. 그것들은 조직화의 사고스킬을 중재할 때 사용할 유용한 틀을 제공한다. 이것은 여행을 조직하고 계획하는 예시를 사용하여 설명할 수 있다.

중재학습경험

포이에르스타인(1980) 중재학습경험의 12가지 기준(부록 A 참조)은 중재자에게 여행을 조직적으로 계획하는 스킬을 중재하는 데 도움이 되는 기법을 제공한다. 조직화는 안전하고 재미있는 여행을 계획하는 데 필수적이다. 예컨대, 목표를 계획하는 일을 중재하는 것은 학습자가 여행 일정표를 체계적으로 계획할 수 있게 도와준다. 도전 의식을 중재하는 것은 학습자에게 새로운 장소, 다른 화폐, 음식, 사람들에 대한 경험의 참신성과 새로 복잡성에 대처하는 목표의식과 열정을 불어넣을 것이다.

인지 기능

입력, 정교화, 출력 단계의 인지 기능 목록(부록 B 참조)은 여행을 계획할 때 효과적인 조직화를 보장하는 데 필요한 구체적인 스킬을 목표로 삼을 수 있는 틀을 제공한다. 예를 들어, 여행 일정을 계획하려면 출발 시각이나 숙소 등과 같은 정보들을 꼼꼼히 확인(입력 단계에서 명확하고 체계적인 정보 수집)해야 한다. 비슷하게 계획은 체계적이고 의미 있게 짜야 한다(개념의 충분한 정교화, 정교화 단계에서 총체적 행동). 마지막으로 계획적·집중적인 반응이 있어야 한다(출력 단계에서 적절한 표현 행동).

인지 지도

인지 지도는 학습 과제를 분석하고 조작하여 그것이 학습자에게 의미 있고 유용한 수준으로 전달되도록 보장할 수 있다(부록 C 참조). 이 예시에서, 여행을 계획하는 일은 낯선 상황에 대해 가설적으로 생각해야 하는 다양한 과제와 접근 방식(말·글·시각 양식)을 사용하는 일상적인 생활 경험(내용)이다. 그래서 여행은 어렵고 도전적인 것이 될 수 있다(높은 수준의 추상성, 참신성 및 복잡성).

이처럼 중재학습경험, 인지 기능, 인지 지도의 기법은 여행 계획을 조직화하거나 계획하는 것과 관련된 사고스킬을 중재하는 데 사용될 수 있다.

인지교육에 대한 국제적 연구 들여다보기

점들의 조직화는 포이에르스타인(1980)의 도구적 심화(IE) 프로그램에서 사용된 첫 번째 도구이다. IE 프로그램을 구성하는 도구로는 14가지가 있으며, 이는 국제적으로 다양한 맥락에서 구현되었다. 다음은 이스라엘에서 다운증후군 아이들에게 IE 프로그램을 적용해 수행한 연구에 관한 것이다.

포이에르스타인, 포이에르스타인, 폴리크와 란드(Feuerstein, Feuerstein, Falik, & Rand, 2006)는 예루살렘의 학습 잠재력 향상 센터에서 도구적 심화, 사회화, 각종 훈련을 시행하고 조절 환경을 조성한 결과, 다운증후군을 가진 청년들이 읽고 쓰며 군대에 지원하고 직업기술을 배워 노인복지사가 될 수 있게 되었다고 보고했다. 이후의 한 연구에서는 다운증후군을 가졌거나 다른 발달장애가 있는 청년들이 이러한 프로그램들에 4~6년간 참여하고 직장에 고용된 후에는 40명 중 39명이 계속 훈련을 시행하면서 일하고 있었다. 연구자들은 이것이 비슷한 직업훈련 과정의 기댓값보다 높은 수치라고 밝혔다.

"사람들이 기대보다는 불안을 가지고 미래를 보는 것은
그들이 미래를 잘 설계하지 않았기 때문이다."

-짐 론(Jim Rohn, 1994)

2

비교
Comparisons

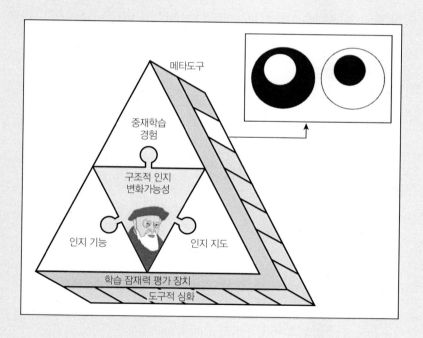

이 장에서 알아볼 사고스킬은 비교(Comparisons)이다. 비교는 연관되면서 적절한 특성에 따라 항목들 사이의 공통점과 차이점을 찾는 것이다. 비교할 때, 우리는 구체적인 특징을 통해 항목들 간에 무엇이 같고 무엇이 다른지를 확인한다. 예를 들어, 사과와 바나나는 둘 다 과일이라는 특징을 공유하지만 모양, 색깔, 맛, 감촉, 영양소를 비롯해 여러 방면에서 다르다.

비교와 관련된 사고스킬은 포이에르스타인(1980)의 도구적 심화 (IE) 프로그램의 비교 도구에서 배울 수 있다. 비교 도구를 나타내는 포이에르스타인의 상징은 비슷한 속성과 다른 속성을 모두 지닌 원형이다. 마음속으로 하나의 모양을 다른 것 위로 덧붙임으로써, 우리는 어떤 속성이 비슷하고 어떤 속성이 다른지 구별할 수 있다. 예를 들어, 모양은 모두 원형이므로 모양에서는 서로 비슷하지만, 색깔에 있어서는 다른 위치에 놓이게 된다. 왼쪽에 놓인 것은 검은 바탕의 흰 원형이고, 오른쪽에 놓인 것은 흰 바탕의 검은 원형이다.

비교—무엇을, 왜, 언제 그리고 어디서

- A와 B는 어떻게 연관되어 있는가? 어떤 것이 더 좋은가? 그들이 어떤 점에서 서로 비슷하고 다른가?
- 나는 어느 것을 선택해야 하는가? 어떤 결정을 내려야 하는가?

이러한 종류의 질문에 대답할 수 있는 능력은 비교의 사고스킬에 달려 있다. 비교는 항목들이 서로 어떻게 연관되는지 이해하는 모든 관계적 사고의 기본 요소이다. 이것은 다른 기준에 따라 대상, 사건, 자극이 서로 어떻게 비슷하고 다른지 결정하는 과정을 포함한다. 효과적인 비교는 비교에 사용된 특성의 연관성과 적절성에 의해 좌우된다. 예를 들어, 스포츠 팀을 위해 선수들을 선발할 때는 그들의 눈 색깔보다는 공을 다루는 기술이나 체력 수준에 기초해 비교하는 것이 중요할 것이다. 즉, 선수들의 기량과 능력은 팀을 구성할 때에 그들의 눈 색깔보다 중요하게 고려해야 할 특성인 것이다. 선택해야 할 다른 옵션들 사이에서 비교를 할 때 의사결정에서의 많은 어려움과 부적합한 선택은 관련된 기준을 선택하지 못하게 하는 결과를 초래할 수 있다. 예를 들어, 후보자의 외모를 비교하여 이를 바탕으로 투표에 임하는 것은 그들의 사상, 가치관, 의도에 따른 비교보다 유용하지 않을 수도 있다.

비교의 사고스킬은 무엇인가

비교는 중요성이나 연관된 특성에 따라 사물, 사건, 아이디어 사이에 무엇이 같고 무엇이 다른지 파악하고 설명하는 것이다. 예를 들어, 퍼즐 조각들을 맞출 때, 검은색 정사각형 조각과 검은색 삼각형의 조각은 서로 비교된다. 이 두 조각들 사이에 공통점을 설명하는 중요한 기준은 색깔인 반면에, 차이점을 설명하는 기준은 모양이다. 알맞은 퍼즐 조각을 선택하는 것은 조각들 사이에 비교 기준으로서 색깔과 모양 모두를 사용하는 것에 따라 결정될 것이다.

비교의 사고스킬은 왜 중요할까

비교를 하는 데에는 많은 이유가 있다. 비교는 사건, 사물 혹은 삶에서 느끼는 감정에 풍부한 설명을 제공하고 의미 있는 연결이 이루어질 수 있도록 한다. 예를 들어, 행복한, 마냥 행복해하는, 황홀한, 이 세 단어는 행복이라는 같은 연속체 위에 다른 강도를 나타낸다. 비교는 논쟁의 찬반양론을 따져 보거나 항목들 가운데 선택할 때 사용되는 특성을 우선순위에 따라 나열함으로써 결정을 촉진한다. 예를 들어, 휴가 목적지 중에 선택을 내릴 때 예산과 감당할 수 있는 비용과 같은 특성은 안내 책자의 마케팅 광고보다 고려해야 할 높은 우선순위에 놓이게 된다.

비교의 사고스킬은 언제 그리고 어디서 이용될까

비교가 일어나는 수많은 맥락이 있다. 예를 들어, 자기표현과 정체성 발달은 우리가 다른 이들과 어떻게 같고 다른지 정의하는 것을 포함한다. 일상에서의 결정은 비교 행위를 포함하는데, 예를 들어 저녁 식사를 위해 어떤 요리를 할지 선택하는 것은 재료의 이용 가능성, 준비에 필요한 것들, 시간, 먹을 사람 수 등의 특성에 따라 다양한 조리법의 선택을 포함한다. 예를 들어, 어떤 진로를 따를 것인지, 결혼을 할 것인지, 어디에 살 것인지와 같은 삶에서의 주요한 결정은 비교를 위한 기준이 신중하게 정의되어야 하는 복잡한 비교를 포함한다. 사회에서 문화 다양성을 기념하는 것과 사회 관습에서 다름을 수용하는 것은 차이점과 공통점을 인지하고 인정하는 것에서 출발한다.

○ **인지 수수께끼-비교**

'비교는 추악한 것'이라는 옛말이 있다. 몇몇 예시는 우리가 지나치게 판단
적이고 비판적이 되도록 강요하는가? 너무 많은 선택을 부정적으로 하는
것은 합리적으로 비교하는 우리의 능력에 영향을 미치게 되는가? 너무 많
은 기준을 고려해야 하면 통찰력보다는 오히려 혼란을 낳을 수 있는가? 당
신은 어떻게 생각하는가?

비교를 공식적 학습환경에 연결하기

다양한 공식적 학습경험이 비교를 중재하는 데 사용될 수 있다.

인문학
• 역사에서 반대되는 정치적 관점에 관한 특정한 편견을 비판
  적으로 평가하라(예: 어떤 사건에 대한 서로 다른 글쓴이의 관점
  들).
• 문학에서, 비교에 관한 발언의 형태에 대한 예시를 찾고 그에
  관해 토론하라(예: 시의 직유, 은유).

사회과학
• 역사의 특정 기간들을 비교하라(예: 생활양식과 작업도구 등의
  범주 등 연관된 기준에 따라 석기시대와 철기시대 비교하기).
• 경제, 빈곤, 수입 그리고 노동 시장 등 서로 다른 사회지리학

적 인구학에 관한 비교 그래프를 그리라. 그리고 서로 다른 종류의 공동체의 구조에 관해 의논하고 그들을 비교하라(예: 도심, 도시 주변, 시골 등).

과학

- 실험집단과 통제집단의 조건과 결과들을 비교함으로써 실험을 평가하고 가설을 지지하라.
- 수학적 양으로 비교 정도를 나타내고, 기하학적 도형들을 연관된 기준(예: 변의 수, 특수각, 성질 등)에 따라 비교하기 위해서 '보다 더' 또는 '보다 덜' 같은 기호를 사용하라.

예술

- 시인과 시를 주제, 형식, 시기, 심상 그리고 다른 특성들에 따라 비교하고, 전 시대를 통틀어서 예술가들의 서로 다른 표현 방법, 활동 시기 그리고 형식들을 비교함으로써 예술감상을 권장하라.

기술

- 젊은 사람들끼리 서로 소통하기 위해 사용하는 다른 종류의 양식들을 비교하고 대조하라(예: 문자, MSN, 채팅방, 페이스북, MySpace, 유튜브 등).
- 시대에 따라 사용된 기술들을 연구하고 비교하라(예: 석기시대, 철기시대, 로마 제국, 중세시대 그리고 20세기).

비교를 비공식적 학습환경에 연결하기

일반

- 서로 다른 교수 기법들을 비교하고 평가하라(예: 협력적 학습 vs. 개인적 학습).
- 수업시간에 노트 필기를 하는 서로 다른 접근 방식을 비교하고 평가하라(예: 마인드맵 그리기 vs. 일반적으로 왼쪽에서 오른쪽으로 그리고 위에서 아래로 쓰기).

건강과 자기 계발

- 건전한 생활양식의 결과와 사회에 부정적으로 영향을 미칠 수 있는 유해한 행동들을 비교하라(예: 약물, 알코올 오용 그리고 비만).
- 올림픽 기준에 도달하기 위해 사용되는 다양한 신체적 · 정신적 전략들을 비판적으로 비교하라(예: 수영법, 운동 루틴, 치료법 그리고 스포츠 심리학).

가정

- 비교를 통해 자연을 이해하는 것을 확장해서 야외 활동을 풍부하게 하라. 예를 들어, 다른 식물들의 요구를 비교하면—많은 햇빛이나 물이 필요한 식물인지 아닌지, 또는 식물 품종이 더 많은 곤충과 새를 유인하는 식물인지—당신은 그것들을 심을 최적의 위치를 알 수 있다.

• 정원이나 동물원에 있는 모든 식물과 동물 간의 차이점과 공통점에 관한 표를 묘사하는 잡지와 신문에서 따온 사진들로 된 스크랩북을 만들라.

상담과 지역사회

문제해결을 돕기 위해 비교를 적용하라. 다양한 기준들을 사용한 긍정적 요인과 부정적 요인들의 비교는 새로운 공원이나 슈퍼마켓이 동네 어디에 지어져야 하는지 여부와 같은 지역사회 문제를 통한 생각을 용이하게 한다. 따라서 공원을 제안할 때, 공간과 같은 기준이 나열될 수 있고, 이용 가능한 공간 사용에 대한 장단점이 논의될 수 있다.

다문화

당신의 지역사회에 있는 서로 다른 문화들의 다양성과 풍부함을 탐구하고 정해진 기준(예: 음식, 복장, 양식, 종교, 축제 등)에 따라 그들을 비교하라.

비교의 적용—사이버 상담

비교에 관한 스킬들은 상담 장면에 적용될 수 있다. 예를 들어, 현대의 인터넷 기술들이 현재의 인터넷 기술이 어떻게 개인들이 온라인 지원 단체와 그들 자신의 집으로부터 온 상담 웹사이트를 통해 상실, 슬픔, 우울증, 자살충동 그리고 수많은 다른 문제에 대

처할 수 있게 하는지 생각해 보라.

온라인 도움 기관들의 급속한 성장이 이루어지는 상황에서, 우리는 전문가로서 그것들을 비판적으로 평가할 수 있다는 것이 중요하다. ShareGrief, Big White Wall, beyondblue 등과 같은 사이트들을 익명성, 기밀성, 사용자 통계, 전문가들과의 상호작용, 발표, 사용의 편의성, 피드백의 종류, 보조 자료들의 질과 특성 등의 관점에서 비교해 보라. 그러한 비교들의 결과는 상담사들이 고객들에게 더 많은 정보를 제공할 수 있게 도울 것이다.

비교 중재에서 포이에르스타인의 이론

포이에르스타인(1980)의 이론은 사고스킬의 발달에 영향을 미치는 세 영역에 집중한다. 이 세 영역은 중재자가 주도하는 상호작용 형태인 중재학습경험(MLE), 학습자의 사고스킬인 인지 기능, 학습 과제에 대한 분석인 인지 지도로 이루어져 있다. 이러한 세 영역은 중재자, 학습자, 학습 과제 사이의 상호작용을 분석하는 기법들을 제공한다. 그것들은 비교의 사고스킬을 중재할 때 사용할 유용한 틀을 제공한다. 이것은 진로 상담에서 다양한 직업 선택지를 비교하는 것에 대한 예시를 사용하여 설명할 수 있다.

중재학습경험

포이에르스타인(1980) 중재학습경험의 12가지 기준(부록 A 참조)은 중재자에게 서로 다른 진로 선택을 결정할 때 비교의 스킬을 중재하는 데 도움이 되는 기법을 제공한다. 자기 규제와 행동 통제를 중재하는 것은 학습자가 충동과 자기 감시를 제어하여 관련 기준에 따라 다양한 경력 선택지를 탐색하고 직업 선택에서 미리 포기하는 것을 막을 수 있다. 도전 의식을 중재하는 것은 새롭고 다양한 직업 기회를 모색하기 위해 학습자에게 결단력과 열정을 심어 줄 것이다.

인지 기능

입력, 정교화, 출력 단계의 인지 기능 목록(부록 B 참조)은 직업을 선택할 때 효과적인 비교를 위한 특정한 기술을 얻는 데 도움이 되는 틀을 제공한다. 서로 다른 직업 선택지를 비교하는 것은 학위 요구 사항, 필요한 기술, 일의 유형, 환경, 급료 배분 등(입력 단계에서 하나 이상의 정보원을 고려하기)과 같은 다양한 기준에 초점을 맞추어 타당한 판단을 내리는 것(정교화 단계에서 논리적 증거에 대한 필요성을 다루기)과 취업 기회의 체계적 테스트(출력 단계에서 출력물 반응을 통한 활동)를 포함한다.

인지 지도

인지 지도는 학습 과제를 분석하고 조작하여 그것이 학습자에게 의미 있고 유용한 수준으로 전달되도록 보장할 수 있다(부록 C 참조). 이 예시에서, 경력 선택지를 선택하는 것은 다양한 직업 선택지(중간 수준의 추상성, 참신성 및 복잡성) 간의 유사점 및 차이점을 조사해야 하는 일정한 과제와 접근법(말·글·시각 양식)을 사용하는 일상적인 생활 경험(내용)이다.

이처럼 중재학습경험, 인지 기능, 인지 지도의 기법은 진로 상담에서 비교의 스킬을 중재하는 데 사용될 수 있다.

인지교육에 대한 국제적 연구 들여다보기

비교는 포이에르스타인의 도구적 심화(IE) 프로그램에 사용된 두 번째 도구
이다. IE 프로그램을 구성하는 도구로는 14가지가 있으며, 이는 국제적으로
다양한 맥락에서 구현되었다. 이 요약문은 미국에서 IE를 사용하여 수행한
연구를 설명한다.

벤허(Ben-Hur, 2000)는 IE가 1978년부터 미국에 널리 퍼졌다고
했다. 그는 미국의 1,000여 명의 선생님이 IE 트레이닝을 받았고 약 만
명의 학생들이 혜택을 받았다고 보고했다. 평가했을 때 다양한 학술적·
비학술적 영역, 그중에서도 학생들이 습득하는 능력과 학습 성과에 긍정
적인 결과가 도출되었다. 학생들의 학업 성적에 대한 긍정적인 영향은 학
교가 IE를 커리큘럼에 통합하고 그것을 시스템 개혁의 지침으로 사용하는
곳에서 지속적으로 보고되어 왔다. 벤허는 이것의 가장 좋은 예시가 매사
추세츠주의 톤턴(Taunton)의 IE 프로젝트라고 생각했는데(Williams
& Kopp, 1994), 그곳에서는 3~5학년까지 모두가 이 프로그램을 받
았다. IE의 기풍 또한 학교에 만연하였다. 그 기간 동안 다음과 같은 분야
에서 상당한 이익이 창출되었는데, 학생 중퇴율 감소, 학교 출석 향상, 지
역 밖 배치 비용의 감소, 통제집단과 비교하여 IE 그룹의 독해력 점수의 누
적적 증가 등이 바로 그것이다.

"사례와 비교할 수 있는 가르침은 없다."

-로버트 파월(Robert Powell)

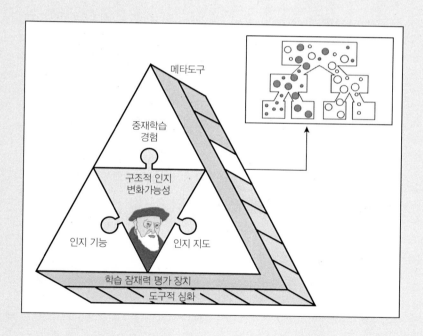

범주화

Categorization

이 장에서 알아볼 사고스킬은 범주화(categorization)이다. 범주화란 적절한 원칙에 따라 요소들을 묶는 것이다. 범주화를 할 때는 특정한 층이나 그룹으로 항목들을 배치한다. 예를 들어, 합창 단원들은 목소리 높낮이에 따라 각 파트로 그룹 지어진다.

범주화에 관련된 사고스킬은 포이에르스타인(1980)의 도구적 심화(IE) 프로그램의 범주화 도구(categorization instrument)에서 배울 수 있다. 범주화 도구를 나타내는 포이에르스타인의 상징은 섞여 있는 원들의 그룹이 색상과 크기라는 원칙에 따라 어떻게 하위그룹들로 나눠질 수 있는지 보여 준다. 네 가지 원의 범주는 더 크고 분류되지 않은 집단에서 탄생될 수 있다. 이 원의 하위그룹은 작고/검은, 크고/검은, 크고/하얀, 작고/하얀 원이다. 아래에서 위를 향하는 화살표들은 범주화 과정이 반대로 다시 원래 그룹을 형성할 수도 있다는 것을 보여 주는 역할을 한다.

범주화—무엇을, 왜, 언제 그리고 어디서

시, 음악, 문학에서의 다른 장르들이란 무엇인가? 동물들은 동물학에서 어떻게 척추동물과 무척추동물로 분류될까? 세대 전반에 걸친 가족 구성원들을 분류해 보라.

이러한 종류의 질문에 대답할 수 있는 능력은 범주화의 사고스킬에 달려 있다. 범주화는 관련된 원칙(예: 빨래를 흰 빨래, 색이 있는 것, 손빨래를 해야 하는 것으로 구분하는 것처럼)에 따라 요소들을 묶는 것을 말한다. 이러한 배열은 우리 생활을 좀 더 효율적이며 구조적이게 만들어 준다. 이 스킬은 조직화와 비교라는 두 가지 선수 단계를 기반으로 형성된다. 조직화는 현실에 대한 단편적 이해를 극복하고 자극들 사이의 관계를 조명하는 것이다. 비교는 위에서 밝혀진 서로 관계 있는 자극들 사이의 공통점과 차이점에 대해 확인하는 것을 의미한다. 범주화는 유사한 자극들을 그룹과 하위그룹으로 구분함으로써 앞선 두 가지 사고스킬을 확장한다. 범주들은 흐름도, 벤다이어그램, 표 혹은 격자판으로 표현될 수 있다. 범주의 구성원이나 항목을 과포함(overinclusion)하거나 저포함(underinclusion)하는 것을 피하기 위해서 범주를 정확히 규정짓는 세심한 고려가 요구된다. 예를 들어, 오렌지, 레몬, 사과를 포함하는 그룹은 과일이라고 규정된 범주에 포함되는 것이 맞지만, 감귤류 과일 범주에 포함되기에는 너무 크며(사과는 감귤류 과일이 아니다), 음식 범주에 포함되기에는 너무 작다(과일이 아닌 항목도 이 범주에 포함되기 때문이다). 따라서 범주화는 이러한 정의에 의해 그룹을 정확히 구분 짓고 구성원을 선택하는 것과 관련된다.

범주화 사고스킬은 무엇인가

범주화는 요소들 사이의 공통성을 기반으로 집합이나 그룹을, 그리고 사람들 간의 차이를 기반으로 부분 집합 혹은 하위그룹을 만드는 것을 말한다. 예를 들어, 학생들은 나이라는 공통성을 기반으로 한 집합으로 그룹 지어질 수 있고, 또한 서로 다른 읽기 능력에 따라 부분집합으로 그룹 지어질 수 있다. 범주화는 항상 고정되어 있지 않고 기준이나 원칙에 따라 바뀔 수 있다. 범주화가 정보를 조직하는 유일한 방법인 것은 아니다. 어떤 경우에는 이산적인 그룹이 아닌 연속적인 집합이 더 적합할 수 있다. 예를 들면, 성별에 따라 범주화할 경우 고정되고 안정된 그룹을 만들 수 있다. 하지만 관심 분야나 경험, 정서에 따라 범주화할 경우 시간에 따라 구성원의 변화가 드러나는데, 이는 구성원들 관계가 더 융통성이 있고, 맥락에 따르거나, 주관적이기 때문이다. 또한 범주화를 할 때 일부에게만 연관된 특정 성질을 집단의 모든 구성원들에게 연결 짓는 등의 고정관념을 형성하지 않도록 주의를 기울여야 한다.

범주화 사고스킬은 왜 중요할까

범주화를 해야 하는 이유는 많다. 범주화는 정보를 체계화하는 데 도움을 준다. 도서관의 책들은 소설과 비소설 같은 범주로 나누어져 구성되어 있다. 학습을 돕는 수단으로 흐름도를 만들거나 강의 내용을 표로 만드는 것은 정보 암기를 촉진시킨다. 범주화는 우리가 경제적이고 효율적일 수 있도록 도와준다. 예를 들면, 신문의 분할된 부분들은 우리가 정보를 빠르고 쉽게 접근할 수 있도록 한다. 그룹 구성원을 이해하는 것은 그 사회가 작동하는 원리에 대한 통찰력을 얻을 수 있는 방법이다. 예를 들면, 인종이나 성별 등이 어떤 특정 집단이나 범주의 사람들에 대한 부적절한 차별의 근거로 사용될 때이다. 과포함하거나 저포함하지 않고 정확히 분류하는 것은 정보를 명료화하고 이에 대한 깊은 이해를 얻을 수 있는 방법이다. 예를 들면, 행동학은 교육심리의 하위항목인 학습이론의 범주 아래 분류될 수 있다.

범주화 사고스킬은 언제 그리고 어디서 이용될까

범주화의 스킬을 발전시킬 수 있는 기회로 여러 가지 상황들이
있다. 예를 들어, 가정에서 종류, 색이나 크기에 따라 장난감을 수
납함 안으로 넣는 것은 영유아들이 물건들을 구별하는 것을 연습
할 수 있도록 한다. 학교에서는, 그룹과 하위그룹으로 분류하는 것
이 범주화의 복잡성에 대한 이해를 증진시킨다. 예를 들면, 문장들
을 문법적으로 분석하여 명사라는 그룹과 고유명사, 일반명사라는
하위그룹으로 분류하는 것이 있다. 일상생활에서 판단하고 결정
내리는 것은 범주화 기술을 사용함으로써 향상된다. 예를 들면, 어
떤 것이 합법적이고/이거나 도덕적인지 등의 기준에 따라 옳고 그
른 것에 대한 판단을 내리는 것 등이 있다.

○ 인지 수수께끼– 범주화

개인이나 사물들을 범주로 분류함으로써 우리가 그들의 개성과 진정으로
독특한 본질을 손상시킨다는 것에 대한 논쟁이 있어 왔다. 범주화가 편견
을 만든다는 생각도 있다. '모든 것을 한 우산 아래에 두는 것', 당신은 어
떻게 생각하는가?

범주화를 공식적 학습환경에 연결하기

다양한 공식적 학습경험이 범주화를 중재하는 데 사용될 수 있다.

인문학

- 정확한 기억을 촉진하기 위하여 비슷한 음소를 가진 단어들을 그룹 지으라(예: boat, coat, float와 같은 단어들).
- 글의 구절에서 비슷한 품사들을 그룹 지으라(예: 모든 명사와 동사들을 분류하고 나서 보통명사와 고유명사, 상태동사와 행위동사 등의 하위그룹을 분류하는 것).

사회과학

- 부분별로 분류하여 내용 정보를 표로 만들라(예: 제1차 세계대전은 연합국, 원인, 전투, 유명한 인물을 기준으로 분류될 수 있다).
- 주제를 통해 역사를 가르치라(예: 법, 시대 의상, 교통).
- 서로 다른 정치 성향이 어떻게 그룹 지어질 수 있는지를 보여주는 분류표를 설계하라(예: 우익과 좌익 그리고 각각 내에서 진보와 보수).

과학

- 주기율표가 어떻게 화학적 성질을 기준으로 금속과 비금속과 같은 원소들을 분류하는지 그리고 물질을 다양한 상으로 분류하는지 보이라(예: 고체, 액체, 기체, 플라즈마와 같은 분류).
- 기하학에서 각 요소들이 어떻게 집합과 부분집합으로 분류되는지 벤다이어그램을 사용하여 그리라(예: 사각형—마름모, 사다리꼴, 정사각형, 직사각형).

예술

- 예술 형식의 가능한 모든 방안과 표현 수단을 분류하라(예: 삽화-에칭, 석판 인쇄; 조소-점토, 철; 화법-유화, 수채화). 그리고 각 표현 수단을 이용하는 화가들의 분류를 검토하라.
- 종류에 따라 악기를 분류하고(예: 타악기, 현악기, 관악기), 오케스트라 내에서 그들의 분류와 배열을 검토하라.

기술

- 특정 URL이나 웹사이트를 분리할 때까지 집합과 부분 집합으로 구체화되는 넓은 항목을 사용하여 인터넷 연구를 수행하는 방법을 검토해 보라.

범주화를 비공식 학습환경에 연결하기

일반

- 그해의 다양한 과목의 수업활동에 대한 개요를 주영역과 세부영역으로 그룹 지어 조직화하라.
- 기술, 자격, 재주 등과 같은 다양한 기준들의 사용으로 다양한 대학 과정이나 직업이 범주화될 수 있는 것을 보라.
- 범주화는 집합 내의 포함 및 제외 기준을 변경하고, 덜 분명한 기준을 찾아 창조적으로 사용될 수 있다. 예를 들어, 스무고개 놀이의 질문 종류들을 생각해 보라.

건강과 자기 계발

- 학교 또는 비즈니스에서 사회 집단의 형성을 분석하라. 특정 사회 집단[예: 고스(goths), 이모스(emos), 컴퓨터만 아는 괴짜(nerds) 등]을 표시하는 기준과 당신이 개인적으로 어떻게 적응하는지를 고려하라.
- 필요한 기술, 사용되는 기구, 트레이닝의 방식, 키워야 하는 근육 조직 등과 같은 구체적인 측면에 따라 스포츠를 범주화하라.

가정

- 아이들에게 한 항목에서 '어울리지 않는 것'을 찾아내게 하는 게임을 하도록 하라.
- 알맞은 그릇에 나이프, 포크, 스푼과 같은 은 식기류를 분류하거나 알맞은 칸에 양말, 속옷, 티셔츠와 같은 옷을 분류하라.

상담

- 진로 선택지를 좁히고 그 그룹들을 찾아내라(예: 커리어 그룹들을 가치, 관심 분야, 능력의 관점에서 살펴보는 것).
- '적은 양이 다루기 더 쉽다.'는 것을 인식하고 스트레스를 줄이라(예: 데이터를 기억하고 상기하기 쉽게 분야별로 나눔으로써 학습 능력 기르기).

다문화

- 학생들이 서로 다른 문화 내 음식, 음악, 문학, 약 같은 구체적

인 항목하의 관습과 가치를 조사하도록 하는 활동을 준비하
라. 예를 들면, 정통파 유대교 문화에서 전통은 음식(유대교
율법에 따라 만든 음식)과 문학(유대교의 율법)과 음악(예배식)
으로 유지된다.

범주화의 적용—장난감과 어린아이

범주화에 수반된 기술들은 아동 교육 장면에 이용될 수 있다. 예
를 들면, 어린아이와 그들의 다양한 장난감과의 상호작용에 대해
생각해 보라.

유아가 블록이나 레고 등과 같은 장난감을 가지고 노는 동안 서로 다른 기준에 따라 다양한 디자인 체계들을 조합하도록 독려해 보라. 예를 들면, 탑을 세울 때 직사각형의 블록(모양이라는 기준) 또는 파란색 블록(색깔이라는 기준)만 사용하는 것이다. 그들의 구분 방식 안에서 두 가지 기준을 조합하는 것, 예를 들어 모든 빨간 사각형을 모으는 것(색깔과 모양이라는 기준)을 통하여 범주화의 개념을 확장시켜라.

범주화 중재에서 포이에르스타인의 이론

포이에르스타인(1980)의 이론은 사고스킬의 발달에 영향을 미치는 세 영역에 집중한다. 이 세 영역은 중재자가 주도하는 상호작용 형태인 중재학습경험(MLE), 학습자의 사고스킬인 인지 기능, 학습 과제에 대한 분석인 인지 지도로 이루어져 있다. 이러한 세 영역은 중재자, 학습자, 학습 과제 사이의 상호작용을 분석하는 기법들을 제공한다. 그것들은 범주화의 사고스킬을 중재할 때 사용할 유용한 틀을 제공한다. 이것은 창고나 저장고에서 재고품을 조사하는 것이나 선반을 쌓아 올리는 예시를 사용하여 설명할 수 있다.

중재학습경험

포이에르스타인(1980) 중재학습경험의 12가지 기준(부록 A 참조)은 중재자에게 일종의 물건들을 저장고에 쌓아 놓을 때 범주화 스킬을 중재하는 데 도움이 되는 기법을 제공한다. 의미와 초월성을 중재하는 것은 학습자가 비슷한 항목들을 그룹화하는 근본적인 목적과 원리를 알고, 다른 상황에서 이용되는 이 기술을 가능하도록 돕는다. 예를 들면, 범주화 항목은 무엇이 용이한지, 그 항목을 어디서 그리고 어떻게 접근하는지 알게 해 준다. 이 범주화의 스킬은 다른 상황에서도 사용될 수 있는데, 예를 들면 학습 내용을 그룹화할 때, 집의 가구들을 분류할 때 또는 창고를 정렬하거나 청소할 때 사용될 수 있다.

인지 기능

입력, 정교화, 출력 단계의 인지 기능 목록(부록 B 참조)은 항목을 효율적으로 범주화하기 위해 필요한 구체적인 스킬을 얻는 데 도움이 되는 틀을 제공한다. 예를 들면, 처음 항목들을 분류할 때 항목의 다른 특징들 사이의 구별과 분석이 수반된다(입력 단계에서 둘 이상의 정보원을 고려하기). 각각의 항목들은 특정한 범주나 그룹에 적합한지 평가되고(정교화 단계에서 자발적 비교 행동에 참여하기), 결과적으로 그룹화가 잘못될 확률을 최소화한다(출력 단계에서 시행착오 반응).

인지 지도

인지 지도는 학습 과제를 분석하고 조작하여 그것이 학습자에게 의미 있고 유용한 수준으로 전달되도록 보장할 수 있다(부록 C 참조). 이 예시에서, 항목들을 그룹들로 분류하는 것은 구체적이고, 비교적 친숙하고, 쉬운 과제(낮은 수준의 추상성, 참신성 및 복합성)인 구체적인 항목들(촉감과 운동감각의 양상)의 물리적인 분류를 수반하는 일상적인 생활 경험(내용)이다.

이처럼 중재학습경험, 인지 기능, 인지 지도의 기법은 재고 확보 및 저장을 위한 항목 범주화 스킬을 중재하는 데 사용될 수 있다.

인지교육에 대한 국제적 연구 들여다보기

범주화는 포이에르스타인(1980)의 도구적 심화(IE) 프로그램에 사용된 세 번째 도구이다. IE 프로그램을 구성하는 도구로는 14가지가 있으며, 이는 국제적으로 다양한 맥락에서 구현되었다. 이 요약문은 미국에서 서비스를 충분히 받지 못하는 소수의 학생들에게 IE를 사용하여 수행한 연구를 설명한다.

최근, 이스라엘의 포이에르스타인 학습 잠재력 증진 센터와 미국의 NUA (National Urban Alliance) 간 IE 공동 프로젝트가 시작되었다. 쿠퍼 (Cooper, 2007)는 NUA의 임무는 모든 학생이 모든 학문 분야에서 우수한 교육을 받을 수 있도록 지역 학교 관리자 및 교사들과 협력하여 미국 도시 학생들의 학업 성취 격차를 줄이는 것이라고 보고했다. IE는 이러한 목표를 달성하기 위한 수단 중 하나로 인식된다. 초기에는 미국의 20개 도시에 있는 학교에서 IE 프로그램을 운영했다. 이 프로그램의 목적은 특별히 흑인 자녀의 학업 성취도를 높이는 것이며 "미국에서 낙후되고 성과가 낮은 흑인 남성을 위한 특별한 관심사"(Cooper, 2007)와 관련된다. 아프리카계 미국인과 히스패닉계 학생들은 이 도시의 선거구에 있는 다양한 초등학교에 참여하게 된다. 쿠퍼는 IE가 특수교육을 필요로 하는 소수의 아동의 오진을 저지하는 데 도움이 될 것이라고 생각한다. 그는 IE의 긍정적인 성과를 입증하는 연구 자료의 많은 부분이 프로젝트에 추진력을 제공했다고 말했다.

"계급, 인종, 성별 그리고 우리가 분류하고 무시하는 다른 모든 범주들은 내부에서 발굴될 필요가 있다."

－도로시 앨리슨(Dorothy Allison)

4

공간에서의 상대적 방향
Relational Orientation in Space

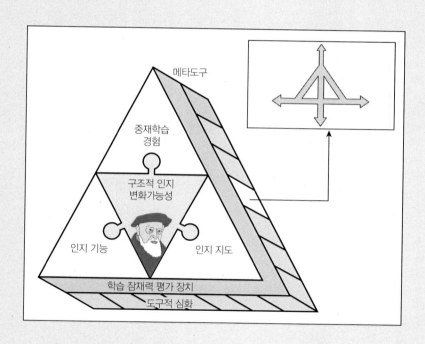

이 장에서 알아볼 사고스킬은 공간에서의 상대적 방향에 관한 것이다. '공간에서의 방향'은 공간에서 물체들이 다른 물체와 어떻게 연결되어 있는지에 대한 이해를 필요로 한다. 방향은 상대적 위치에 대한 이해나 주변 환경에 익숙한 것(혼란의 반대)으로 설명할 수 있다. 공간은 광활한 장소 혹은 물체들이 존재하거나 움직이는 지역으로 설명된다. 공간은 개개인의 즉각적인 주변 환경, 교실, 학교, 마을, 세계, 밖으로 영원히 팽창하는 우주를 포함한다. 공간에서 한 사람의 상대적 위치를 이해하는 일은 내적 참조 체계(대상이 바라보는 방향)에 의존한다. 한 사람이 바라보는 방향은 어디가 위, 아래, 왼쪽, 오른쪽, 뒤, 앞인지를 결정한다. 따라서 한 사람의 공간에서의 방향은 그 사람의 내적 참조 체계 혹은 그 사람이 직면하는 방향의 관계에 의해 결정된다.

공간에서의 상대적 방향에 관련된 사고스킬은 포이에르스타인(1980)의 도구적 심화(IE) 프로그램의 공간에서의 방향 도구 I 에서 배울 수 있다. 공간에서의 방향 도구를 위한 포이에르스타인의 상징은 네 가지 다른 방향으로 향하게 하는 교차 도로들로 묘사된다. 그 상징은 왼쪽, 오른쪽, 뒤, 앞이라는 용어를 소개한다. 그 도구는 공간에서 물건들이 다른 물건들과 가지는 상대적 관계를 기반으로 하여 위치와 관계를 구분해 내는 방법을 제공한다.

공간에서의 상대적 방향—무엇을, 왜, 언제 그리고 어디서

마을까지 가는 가장 빠른 길은 어느 것인가? 도서관의 소설 구역은 어디인가? 내가 만약 오른쪽으로 45° 회전한다면, 무엇이 내 앞과 뒤에 있겠는가?

　이러한 종류의 질문에 대답할 수 있는 것은 상대적 위치와 방향을 통해서 공간에서 자신의 위치를 확인할 수 있는 능력에 달려 있다. 이것은 공간에서 대상과 사건을 묘사하기 위한 내적 참조 체계를 가지는 것이고 대상의 위치를 묘사하는 것은 서로 간의 관계에서 결정된다는 것을 인정하는 것이다.

　구체적이거나 신체적인 단계에서 공간에서 좋은 방향을 가지는 것은 추상적이거나 심리적인 단계로 연결되는 것이다. 신체적인 단계에서, 방향은 마주하는 방법에 따라 왼쪽, 오른쪽, 뒤, 앞, 위 그리고 아래가 상대적임을 이해하는 것을 포함한다. 만약 당신이 위치를 바꾸면, 이러한 방향들은 당신의 새로운 위치에 따라 변한다. 심리적인 단계에서, 방향은 이슈에 대한 개인의 관점 역시 주관적이고 상대적임을 이해하는 것을 포함한다. 물체를 다른 관계에서 보거나 다른 사람의 입장에서 생각하기 위해서는, 심리적인 단계에서 방향이나 관점을 교체할 수 있거나, 한 가지 화제에 다양한 관점과 해석들이 존재함을 인정할 수 있어야 한다. 한 사람에게 보수적인 것은 다른 사람에게 진보적일 수 있다. 한 문화에서 옳거나 도덕적이라 생각되는 것도 다른 문화에서는 틀리거나 부도덕적일 수 있다. 공감적 이해는 자신의 관점을 뛰어넘어 다른 사람의 관점을 인정할 때 일어난다. 그러므로 한 사람의 물리적 방향에서 상대성을 이해한다는 것은 다른 심리적 방향들을 이해할 수 있다는 것을 의미한다.

공간에서의 상대적 방향 사고스킬은 무엇인가

공간에서의 상대적 방향은 우리가 공간에서의 물체들이나 사건들 사이의 관계를 묘사할 수 있게 해 준다. 이는 공간에서 자신을 위치시키기 위해 무엇이 왼쪽, 오른쪽, 뒤 그리고 앞인지 묘사하는 내적 참조 체계를 발전시키는 것을 포함한다. 방향은 물리적 환경을 조직할 수 있다는 것과 방향이 상대적인 것이지 고정되거나 변함이 없는 것이 아니라는 것을 인지하는 것과 관련되어 있다. 예를 들어, 두 사람이 서로를 마주보고 있다면, 한 사람의 오른쪽에 있는 물체는 자동적으로 다른 사람의 왼쪽에 있게 된다. 한 사람의 앞에 위치한 물체는 다른 사람의 뒤에 있게 된다. 방향은 한 사람이 마주하고 있는 방향에 따라 상대적이게 되고, 그 사람의 내적 참조 체계에 의존하게 된다.

공간에서의 상대적 방향 사고스킬은 왜 중요할까

공간에서 상대적 방향을 가르치는 것이 중요한 이유는 여러 가지가 있다. 공간적 방향은 물체들 사이의 관계가 상대적이지 고정되어 있지 않다는 사고인 상대적인 사고를 증진시켜 준다. 예를 들어, 내가 왼쪽으로 180° 돌게 되면 내 왼쪽에 있었던 것은 이제 오른쪽에 위치하게 된다. 방향이 한 사람이 보고 있는 위치에 의존하기 때문에 방향은 조심스럽게 해석되어야 한다. 공간적 방향은 어떤 이슈에 대한 한 사람의 관점의 초인지 인식과 이 관점의 상대성을 깨닫는 것을 발전시켜 준다. 상대적 사고를 가르치는 것은 어떤 일을 다른 이의 관점에서 보는 것과 그들의 관점에서 볼 수 있도록 그들의 입장이 되어 보는 것을 포함하는 공감적 사고 혹은 공감을 발전시키도록 돕는다.

공간에서의 상대적 방향 사고스킬은 언제 그리고 어디서 이용될까

공간에서의 상대적 방향이 발생하는 많은 상황들이 있다. 예를 들어, 물리적 방향은 방향(왼쪽, 오른쪽, 뒤, 앞)을 이해하는 것과 사고를 일으키지 않거나 길을 잃지 않으면서 한 지역을 돌아다니는 것을 포함한다. 심리적 방향은 다른 이의 관점을 듣는 것이나 관점들이 다를 수 있다는 것을 인정하는 것과 관련이 있다. 이는 다른 방향으로 사물을 보는 것을 포함한다.

> **○ 인지 수수께끼─공간에서의 상대적 방향**
>
> 시간, 감정, 비용 등의 제약으로 인해 살아가면서 따를 수 있는 고정된 경로(방향 설정)를 설정함으로써, 우리는 '여행이 덜된 길'을 탐험하는 능력을 방해하고 있는가? 어떻게 생각하는가?

공간에서의 상대적 방향을 공식적 학습환경에 연결하기

다양한 공식적 학습경험이 공간에서 상대적 방향을 중재하는 데 사용될 수 있다.

인문학

- 구체적인 방향을 나타내는 전치사들을 확인하라(예: ~ 안, ~에, ~ 위, ~ 아래).
- 다른 인물들의 관점을 살펴보면서 문학이나 시의 진가를 알아보라.
- 방향이 주어지거나 한 사람의 관점이 설명되었을 때, 정확한 단어의 사용을 격려하라.
- 사건을 묘사할 때 다른 역사학자, 작가, 기자들의 편향을 강조하라.

사회과학

- 정치적 용어를 묘사하고 의논하라(예: 좌익과 우익, 진보와 보수).
- 사회에 큰 영향을 주었던 사건의 다른 관점들에 대해 의논하라(예: 뉴욕에서의 쌍둥이 타워 파괴, 베를린 장벽의 철거, 우간다에서의 집단 학살).
- 매일 학교나 직장을 오갈 길을 결정하라. 이 경로들을 공간에서의 다른 방향(예: 조감도와 측면도)으로 그리고, 그 구체적인

경로를 선택하는 사회심리학적인 측면을 탐구하라(예: 혼잡한
거리에서의 교통·체증의 불만을 피하는 것).

과학

• 다른 방향으로 동물, 식물, 실험실 기구의 그림을 그리는 것을
연습하라(예: 단면도 혹은 횡단면도).

예술

• 같은 물체를 네 가지의 다른 관점에서 그리고 형상화하라.
• 예술 형식과 물체의 대칭 개념을 탐구하라. 왼쪽과 오른쪽을
그리도록 노력하라.

기술

• 방향에서 변화를 요구하는 구체적인 작업을 할 수 있는 기계
로봇 팔을 지도하는 로그함수를 만들라.

공간에서의 상대적 방향을 비공식 학습환경에
연결하기

일반

• 익숙하지 않은 환경에 있을 때 방향 상실의 느낌에 대해 토론
하라.
• 서로 다른 시작점으로부터 방향을 찾기 위해 게임을 이용하라.

- 서로 다른 관점을 묘사하면서 개인의 방향을 바꾸는 것을 연습하라.

건강과 자기 계발

- 개인들이 다양한 관점에서 특정한 사회적 그리고 심리적 문제들을 탐색하도록 격려하라(예: 물질 오용, 따돌림, 자해, 섭식 장애).
- 신체 양쪽 면의 힘과 조화를 요구하고 공간에서의 위치에 대한 이해를 개발하는 운동 세트를 어린아이들과 함께하라.

가정

- 학교, 상점, 조부모님 댁, 친구 집과 같이 자주 방문하는 곳과 다른 다양한 장소 사이의 경로를 기억하는 게임을 만들라.
- 모두가 눈을 감고 특정한 경로를 상상하는 게임을 하라(예: 경로를 따라가면서 볼 수 있는 가장 대표적인 랜드마크를 누가 기억할 수 있을까?).
- 왼쪽, 오른쪽 신발을 맞게 신으라(신체적 방향). 식탁의 식기류를 정리하라. 그리고 가정의 다른 사람들과 이해하는 환경을 조성하라(심리적 방향). 모든 것이 방향 스킬을 발달시킨다.

상담

- 매우 친한 학생들끼리 짝을 이루게 하라. 짝끼리 상대를 어떻게 보는지에 대하여 이야기를 나눈다. 짝과 서로의 관점을 비교한다. 그동안 서로에게 공정하게 대해 왔는가?

다문화

- 다른 문화를 탐색하기 위해 공간 방향에서 스킬을 이용하라. 다음을 묘사하라.
  - 가족 구조(한부모 가족, '전통적' 가족 등)
  - 여성의 역할
  - 사회에서 연장자의 위치와 연장자를 대하는 태도
  - 사회 내 집단의 정치적 · 사회경제적 지위

공간에서의 상대적 방향의 적용—가정 내 불화

공간에서의 상대적 방향에 포함된 스킬은 가족 상담 장면에 적용될 수 있다. 예를 들어, 가정 내 불화에서 대립하는 관점이 주는 영향을 고려해 보자.

상대적·가설적(hypothetical)·공감적 사고를 적용하는 능력은 가족 구성원 간의 갈등을 해결하는 데 도움을 줄 수 있다. 가족 상담에서, 이를테면 개개인이 어떤 역할을 한다고 가정하고 다른 가족 구성원의 시각에서 토론하라. 개인들은 서로를 향한 기대가 어느 정도로 현실적이고 공정한지 탐구할 수 있다. 개인은 가족 구성원의 관점을 인식하기 위하여 주로 다른 가족 구성원이 맡고 있는 역할을 가정할 수 있다. 결과적으로, 그들은 문제에 대한 사고와 기대를 재설정하기 위해 노력할 수 있다.

공간에서의 상대적 방향 중재에서 포이에르스타인의 이론

포이에르스타인(1980)의 이론은 사고스킬의 발달에 영향을 미치는 세 영역에 집중한다. 이 세 영역은 중재자가 주도하는 상호작용 형태인 중재학습경험(MLE), 학습자의 사고스킬인 인지 기능, 학습 과제에 대한 분석인 인지 지도로 이루어져 있다. 이러한 세 영역은 중재자, 학습자, 학습 과제 사이의 상호작용을 분석하는 기법들을 제공한다. 그것들은 공간에서의 상대적 방향의 사고스킬을 중재할 때 사용할 유용한 틀을 제공한다. 이것은 도로 지도를 읽는 예시를 사용하여 설명할 수 있다.

중재학습경험

포이에르스타인(1980) 중재학습경험의 12가지 기준(부록 A 참조)

은 중재자에게 도로 지도를 읽음으로써 주소를 찾아 주는 스킬을 중재하는 기법을 제공한다. 이것은 위치의 상대성에 대한 이해와 효율적으로 방향을 따라가는 것이 개인이 직면하고 있는 길에 의해 좌우된다는 인식에 달려 있다. 의도와 호혜성을 중재하는 것은 학습자가 주어진 과제에 집중하도록 할 것이다. 개별화를 중재하는 것은, 개인이 가지고 있는 독특한 방향과 자신의 위치, 자세 혹은 방향에 따라 상대적이고 변경할 수 있음을 학습자가 이해하도록 격려할 것이다.

인지 기능

입력, 정교화, 출력 단계의 인지 기능 목록(부록 B 참조)은 도로 지도를 사용하여 효율적으로 길을 찾는 데에 필요한 구체적인 스킬을 얻는 데 도움이 되는 틀을 제공한다. 처음에 학습자는 왼쪽과 오른쪽의 상대적인 개념을 먼저 이해해야 한다(입력 단계에서 공간적 개념에 대한 이해). 향하고 있는 방향에 따라 왼쪽과 오른쪽이 상대적으로 변화할 수 있다는 개념을 편안하게 받아들일 수 있게 되면, 학습자는 자신의 위치를 지도에서 찾아내어 마음속으로 방향을 이동시키게 된다(정교화 단계에서 가상 관계에 대한 기획). 이는 지도를 효율적으로 읽을 수 있게 해 주며 혼란이나 길을 잃어버리는 일 등을 극복하게 해 준다(출력 단계에서 오류 응답에 대한 극복).

인지 지도

인지 지도는 학습 과제를 분석하고 조작하여 그것이 학습자에게 의미 있고 유용한 수준으로 전달되도록 보장할 수 있다(부록 C 참조). 이 예시에서, 방향을 찾는 행위는 좌우와 앞뒤의 상대성에 대한 이해(중간 수준의 추상성, 참신성 및 복잡성)를 요구하는 도로 지도의 형태 (개략적 양식)로 제시되는 일상생활 속의 경험(내용)으로 볼 수 있다.

이처럼 중재학습경험, 인지 기능, 인지 지도의 기법은 지도 읽기 에서 공간에서의 상대적 방향 사고스킬을 중재하는 데 사용될 수 있다.

인지교육에 대한 국제적 연구 들여다보기

공간의 방향 Ⅰ은 포이에르스타인의 도구적 심화(IE) 프로그램(1980)에 네 번째 도구이다. IE 프로그램을 구성하는 도구로는 14가지가 있으며, 이는 국 제적으로 다양한 맥락에서 구현되었다. 이 요약문은 캐나다의 초 · 중등학교 에서 IE를 사용하여 수행한 연구를 설명한다.

멀케이(Mulcahy, 1994)는 캐나다 앨버타주의 한 학교에서 연구를 수 행했다. 2년 동안 수행된 IE 프로젝트는 프로젝트 시작 당시 4학년과 7학 년에 재학 중인 900명의 학생들을 대상으로 했다. 표본집단은 총 3개의 처치집단으로 분류되었는데, (1) IE 프로그램, (2) 효율적인 학습과 사고 를 위한 전략적 프로그램(연구자들 중 한 명에 의해 개발됨), (3) 전통적인 교육과정과 교육그룹(통제집단)이었다. 수학적 개념과 적용에 관한 시험 에서 IE 프로그램 집단에 속한 학생들의 성취도가 통제집단의 학생들에 비 해 상당히 더 좋았다는 것을 연구를 통해 발견했다. 또한 두 실험집단(인지 교육 집단)에 속한 학생들이 사용한 인지적 전략의 수준과 그들의 초인지적 읽기 인식 능력 수준이 프로그램 이후 상당히 향상되었음 또한 입증되었다. 두 인지교육 집단에서의 2년간의 프로그램 이후 해당 집단의 학생들의 이 해 능력도 통제집단에 비해 일반적으로 더 높은 것으로 관측되었다. 이러한 연구 결과들은 저자로 하여금 유치원부터 중등 과정 이후, 즉 모든 수준 의 교육에서의 인지적 전략 학습에 대한 포괄적이고 통합적인 접근의 필요성을 강조하도록 이끌었다.

"달 여행의 가장 큰 의의는 인간이 처음으로 달에 발을 들여놓았다는
사실보다는 인간이 처음으로 지구를 볼 수 있게 되었다는 데 있다."

– 노먼 커즌스(Norman Cousins)

"아마도 이 구별이 독특한 것처럼, 좌파와 우파의
공간적 차이를 나타내지 못하는 구술 사회는 없을 것이다."

– 데이빗 오스틴(David Antin)

5

공간에서의 기본 방향
Cardinal Orientation
in Space

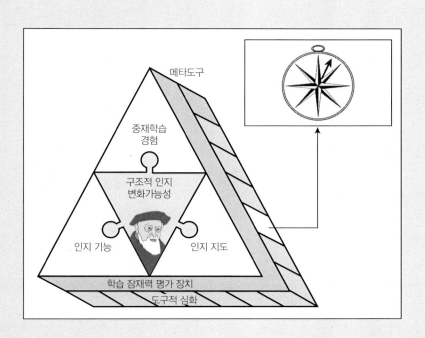

이 장에서 알아볼 사고스킬은 공간에서의 기본 방향(Cardinal Orientation in Space)에 관한 것이다. 이는 4장에서 살펴보았던 공간에서의 상대적 방향 스킬의 확장이다. 공간에서의 상대적 방향 스킬은 방향(왼쪽, 오른쪽, 뒤, 앞)이 내적 참조 체계에 어떻게 상대적이고 의존하는지를 보여 주었다면, 공간에서의 기본 방위는 학습자에게 나침반의 기본 방향(동서남북)을 소개하고 이것들이 어떻게 개인에게 고정되고, 절대적이며, 외부적인지에 대해 보여 준다.

공간에서의 기본 방향 사고스킬은 포이에르스타인(1980)의 도구적 심화(IE) 프로그램의 공간에서의 방향 도구 Ⅱ에서 배울 수 있다. 이 도구를 나타내는 포이에르스타인의 상징은 북쪽, 북동쪽, 동쪽, 남동쪽, 남쪽, 남서쪽, 서쪽 그리고 북서쪽을 나타내는 나침반이다. 이 상징은 공간에서의 위치를 설명할 때 보편적이고 완벽한 나침반 바늘의 특징을 잘 묘사한다.

공간에서의 기본 방향—무엇을, 왜, 언제 그리고 어디서

> 우리는 이 지도에서 어디에 있을까? 태양은 어디서 뜨고 질까? 어떻게 나는 위치를 정확하고 일정하게 묘사할 수 있을까?

이러한 종류의 질문에 대답할 수 있는 능력은 기본 방향(동서남북)을 잘 이해하는 것에 달려 있다. 이것은 공간에서의 기본 방향으로 묘사되는 것이다. 공간에서의 상대적 방향에서는, 왼쪽, 오른쪽, 뒤, 앞이라는 용어들이 공간에서 사물이 서로서로 어떻게 관련되는지를 보여 주기 위해 소개되었다. 그러한 참조 체계를 이용하여, 방향은 개인의 위치에 따라 상대적이게 된다(예: 내가 반 바퀴를 돈다면 내 앞에 있었던 것이 뒤에 있는 것이 된다). 하지만 공간에서의 기본 방향에서는 나침반이 가리키는 방향(동서남북) 개념이 사용된다. 이 참조 체계는 절대적이다(예: 내가 반 바퀴를 돌거나 위치를 바꾸어도 '북쪽'은 바뀌지 않는다). 나침반이 가리키는 지점은 객관적이고, 안정적이며, 보편적으로 위치를 묘사하는 방법으로 통용된다.

공간에서의 기본 방향 사고스킬은 무엇인가

공간에서의 기본 방향은 나침반이 가리키는 곳(동서남북)을 이용하여 공간상의 특정 지점을 정확하게 표현하는 능력을 알려 준다. 이 도구는 나침반 참조 체계는 외적이고 절대적임을 인식하는 것을 포함한다. 이 체계 방향에서, 방향 혹은 위치는 개인이나 사물인 지시 대상의 상대적인 위치에 따라 결정되지 않는다. 나침반 참조 체계는 정확하고, 정밀하며, 보편적이다. 이것은 전 세계적으로 사용되는 하나의 관습이고, 표준화되어 있다.

공간에서의 기본 방향 사고스킬은 왜 중요할까

공간에서의 기본 방향 사고스킬을 가르치는 것이 중요한 이유는 상당히 많다. 나침반은 공간에서 물체의 위치를 정확하게 묘사할 수 있는 참조 체계를 제공한다. 그것들은 보편적이고 절대적인 기준 체계를 이루고 있다. 절대적이고 외적인 나침반 체계(동서남북)와 상대적이고 내적인 요소(상, 하, 좌, 우)를 결합하여 쓰면 위치를 묘사할 때 유연성을 가질 수 있다. 공간에서의 기본 방향은 절대적이거나 고정된 그리고 일반적으로 해석되는 개념, 예를 들어 과학적 법칙이나 뮤지컬 표기법 같은 개념을 연결하는 데 쓰일 수 있다.

공간에서의 기본 방향 사고스킬은 언제 그리고 어디서 이용될까

공간에서의 기본 방향이 쓰이는 상황과 맥락은 상당히 여러 가지가 있다. 나침반 방향을 사용하면 무언가의 위치를 정확하고 간결하게 설명할 수 있다. 그것은 어떤 경우에는 삶과 죽음의 문제이다. 예를 들어, 조난 상태에서 구출되거나 물리적 특징이 있는 어려운 지형을 탐색해야 하는 선박은 어떤 방향으로 나아갈지에 따라 잘못될 수가 있다. 방향은 흔히 보편적인 언어, 예를 들어 지도를 그리거나 공간에서의 궤도 또는 움직임 그리기로 의사소통될 필요가 있다.

공간에서의 상대적 방향에 대해 다룬 이전의 장에서 시사한 바와 같이 물리적 공간을 이해하는 것은 심리적 공간에 대한 이해를 촉진한다. 이 개념을 공간에서의 기본 방향에 대한 개념으로 연결하면, 상이한 심리적 관점과 방향은 고정된 관점을 바꿀 수 있다는 개념까지 나아갈 수 있다. 예를 들어, 진보적인 관점은 항상 보수적인 관점의 '왼쪽' 방향에 있다. 그리고 현상이나 상황에 대한 비관적인 해석은 최악을 보고, 낙관적인 성향은 그 상황의 최선을 본다.

○ **인지 수수께끼-공간에서의 기본 방향**

자동차의 개인 항법 장치의 사용 증가에 관한 몇 가지 추측이 있다. 그것
들은 인간이 공간에서 방향과 지향점을 찾아내는 본질적이고 본능적인 능
력을 파괴하고 있다는 생각이 들게 한다. 우리는 동물들을 아주 잘 보존하
고 있는 길을 찾아내는 선천적인 능력을 잃어 가고 있는 듯 보인다. 어떻
게 생각하는가?

공간에서의 기본 방향을 공식적 학습환경에 연결하기

다양한 공식적 학습경험이 공간에서의 기본 방향을 중재하는 데
사용될 수 있다.

인문학

- 학생들이 고정된 랜드마크를 기준으로 하여 서로 다른 경로
  를 따라 지시하는 언어 지도를 구성할 기회를 만들라.
- 나침반의 기본 방향을 포함하는 시를 선정하고 주석을 붙이라.

사회과학

- 생존을 위해 특정한 방향성을 가지는 동물 서식지나 식물을
  찾으라(예: 남극으로의 고래 이동, 햇빛을 받기 위한 해바라기의
  움직임).
- 진북(true north)과 자북(magnetic north, 저자 주: 실제로 지구는

거대한 자기장 덩어리이다!)의 차이와 나침반을 이용하는 방법
을 설명하라.

- 지구가 어떻게 (가상적인) 위도와 경도의 선 그리고 그 선들의
  변화 정도로써 구분되는지를 연구하라. 이러한 것들이 전 세
  계에 걸쳐 우리의 소통과 여행에 어떻게 영향을 주는지에 대
  해 이야기하라.
- 어떻게 특정 집단의 사람들이 그들의 기본적 방향 그리고/혹
  은 지질학적 주소(예: 북부 지역 출신자, 남아프리카인, 북아메리
  카 인디언, 동유럽인)로 명명되는지 대조하라.

과학

- 지구 중력의 개념과 그것이 우리의 삶에 어떠한 영향을 미치
  는지 설명하라. 지구 바깥에서의 중력과 이를 대조하라.
- 그래프에 x와 y를 대입하여 좌표 기하학을 논증하라.
- $0°$와 $360°$가 북쪽을 가리키도록, 다른 각도에 따른 각을 그리
  라. 이것들이 내비게이션에서 어떻게 쓰이는지 논의하라.

예술

- 특정 지역의 미학적 · 실용적 의미를 가미하여 건물을 설계하
  라(남반구에서의 북쪽을 바라보는 집).
- 정해진 지점에서 지휘자의 손, 팔 그리고 몸의 방향과 행동에
  의해 오케스트라가 어떻게 통제되는지 파악하라.

기술

- 녹색 건축(green architecture)에 대해 자세히 알아보고 몇몇 새로운 건물이 어떻게 기본 방향 지점과 축들이 고려되어 에너지 절약이 최대화되게 설계되었는지 파악하라.

공간에서의 기본 방향을 비공식적 학습환경에 연결하기

일반

- 회전그래프를 사용해서 패턴을 그리라. 그것은 고정된 중심점을 가지고 있다.
- 격자판과 나침반 점을 가이드로 사용해서 사진을 복사하라.

건강과 자기 계발

- '내가 오늘 행복에 관한 면에서 어떤 위치에 있을까?'와 같은 질문에 답함으로써 감정적 좌표의 개념을 탐구하라. 감정적 좌표는 고정되어 있더라도 행복의 이유는 역동적임을 보이라 (예: 월요일은 학교 가는 날, 수요일은 가장 좋아하는 운동 경기가 열리는 날, 토요일은 친구들과 영화 보러 가는 날).
- 팀 빌딩 훈련을 통해 학생들에게 오리엔티어링(역자 주: 지도와 나침반만 가지고 정해진 길을 걸어서 찾아가는 스포츠)의 코스를 제공하라. 나침반으로 집으로 가는 방향을 찾아야 하는 낯선 환경을 선택하라.

가정

- 아이들에게 서로 다른 중요한 양상들(예: 북쪽으로부터 그리고 남쪽으로부터)로부터 그들의 집의 도안을 만드는 방법을 보여 주라.
- 격자판에 사각형들의 번호를 매김으로써 자수법 등의 패턴이나 디자인을 따르라.
- 배관 시설과 전력 시설의 위치가 고정된다는 사실을 고려하여 이상적인 부엌을 계획하라.
- 북쪽 방향을 보이기 위해 해시계를 설치하고, 해와 그림자 간의 관계가 어떻게 변하는지를 관찰하라.
- 격자판 계획을 따르는 모델을 구성하라.

상담

- 상담에서 '삶의 규칙'에 대한 개념(즉, '우리의 삶을 지배하는 특정 규칙들은 고정되어 있고, 그래서 우리는 그 규칙 내에서 사고해야 한다'는 생각)을 논의하라.

공간에서의 기본 방향의 적용—문화적 나침반

공간에서의 기본 방향에 포함된 스킬은 교실 장면에도 적용될 수 있다. 예를 들어, 다양한 문화권의 아이들이 자신들이 어디서 왔는지에 대해 이야기하고 있는 교실을 생각해 보자.

외적이고 안정적이며 절대적인 참고 체계들은 서로 다른 대륙

간에 존재하는 문화 사이의 차이점을 강조하고 인정하는 데에 사
용될 수 있다. 예를 들어, 아프리카 또는 북아메리카의 토속 부족
들을 조사하고 지구상에서의 그들의 지리학적인 방위가 그들의 관
습과 문화적 특성들과 어떻게 연관되는지를 논의해 보라. 또한 교
실 내에서 다양한 문화적 방위를 탐색해 보자. 예를 들면, 지구적
방향의 관점에서(예: 동서양 관습 차이) 검토하라(예: 기도를 위해 메
카와 마주하고, 일출에 절을 하고, 요식적으로 태양을 향하며, 북반구와
남반구의 달의 패턴을 따른다).

공간에서의 기본 방향 중재에서 포이에르스타인의 이론

포이에르스타인(1980)의 이론은 사고스킬의 발달에 영향을 미치는 세 영역에 집중한다. 이 세 가지 영역은 중재자가 주도하는 상호작용 형태인 중재학습경험(MLE), 학습자의 사고스킬인 인지 기능, 학습 과제에 대한 분석인 인지 지도로 이루어져 있다. 이러한 세 영역은 중재자, 학습자, 학습 과제 사이의 상호작용을 분석하는 기법들을 제공한다. 그것들은 공간에서의 기본 방향의 사고스킬을 중재할 때 사용할 유용한 틀을 제공한다. 이것은 동서남북의 기본 방향을 사용해 다른 지리적 구역을 식별하는 예시를 사용하여 설명할 수 있다.

중재학습경험

포이에르스타인(1980) 중재학습경험의 12가지 기준(부록 A 참조)은 중재자에게 공간에서의 기본 방향 스킬을 중재하는 데 도움이 되는 기법을 제공한다. 예를 들어, 목표 계획을 중재하는 것은 정돈되고 순차적인 방식으로 각 지역의 나침반 좌표를 그리는 것을 권장하게 될 것이다. 도전 의식을 중재하는 것은 나침반을 자신 있고 유능하게 사용하는 방법을 배우는 것에 대한 투지를 불어넣을 것이다.

인지 기능

입력, 정교화, 출력 단계의 인지 기능 목록(부록 B 참조)은 다른 지리적 방위를 명확히 하는 데 있어서 방향 점들을 그리는 데 필요한 구체적인 스킬을 목표로 삼을 수 있는 틀을 제공한다. 예를 들어, 정보를 정확하게 수집하기 위해 정확도와 세부 사항에 대한 주의는 필수적이다(입력 단계에서 명확하고 체계적인 정보 수집). 과제를 수행할 때는 구조가 있고 순차적인 방식으로 계획을 세워야 한다 (정교화 단계에서 적합한 계획 행동, 개념의 충분한 정교화, 논리적 근거에 대한 필요, 가설 검증). 마지막으로, 막거나, 충동적이거나, 시행착오의 태도보다는 계획되고 집중적인 반응이 필요하다(출력 단계에서 적합한 표현 행동).

인지 지도

인지 지도는 학습 과제를 분석하고 조작하여 그것이 학습자에게 의미 있고 유용한 수준으로 전달되도록 보장할 수 있다(부록 C 참조). 이 예시에서, 좌표를 그리는 것은 나침반과 격자판(공간과 그래픽의 양식)을 사용하며 동서남북의 정적인 성질(높은 수준의 추상성, 참신성 및 복잡성)에 대한 이해를 요구하는 고급의 공간적 과제(내용)이다.

이처럼 중재학습경험, 인지 기능, 인지 지도의 기법은 공간에서의 기본 방향과 관련된 사고스킬을 중재하는 데 사용될 수 있다.

인지교육에 대한 국제적 연구 들여다보기

공간의 방향 II는 포이에르스타인의 도구적 심화(IE) 프로그램(1980)에 사용된 다섯 번째 도구이다. IE 프로그램을 구성하는 도구로는 14가지가 있으며, 이는 국제적으로 다양한 맥락에서 구현되었다. 이 요약문은 영국에서 행동과 감정에 어려움을 가진 학생들에게 IE를 사용하여 수행한 연구를 설명한다.

2005년에 스코티시 보더스주 교육의회는 예비 연구를 원조해 준 스트라스클라이드 대학의 소던(R. Soden) 박사 아래 IE 계획을 도입했다. 그 예비 프로젝트에는 학교 고위 행정팀을 비롯하여 32명의 초 · 중등학교 교사가 참여하였다. 또한 5학년에서 10학년까지의 67명의 학생들이 연구에 포함되었으며, 이들 대부분은 사회적 · 정서적 · 행동적 문제로 인해 좋지 못한 학업 성취 이력이 있었다. 결과는 다음과 같다. 학교가 목표로 하는 성취와 관련된 인지 기능 측면에서 표본의 3/4 이상이 증가, 관계 구축을 촉진하고 교육 목표에 초점을 맞추는 효과, 학생들을 통제하는 것과 관련된 학습에 대한 동기부여와 자신감의 증가, 교사들 사이에 인지도를 높이고, 특히 인지 기능과 관련하여, 그리고 결함을 해결하는 데 있어, 학습자에 대한 태도와 행동의 중요한 변화 등이다. 평가 보고서는 그 접근 방식이 능력과 성취도 상승에 일관성 있는 전체 학교 접근 방식을 제공하며, 지역 내의 학교 전체에 걸쳐 IE 프로그램을 지속하는 것을 지지한다고 결론지었다.

"이제 내 눈은 남쪽에서 북쪽을 바라보도록 변하였고,
또 한번의 모험을 이끌고 싶다. 이것이 마지막…… 북극으로."

– 어니스트 새클턴(Ernest Shackleton)

"우리는 모두 같은 하늘 아래 살지만, 모두가 지평선이 같지는 않다."

– 콘라드 아더나워(Konrad Adenauer)

6

분석과 종합
Analysis and Synthesis

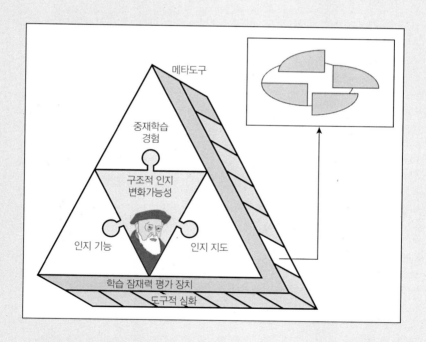

이 장에서 알아볼 사고스킬은 분석(analysis)과 종합(synthesis)에 관한 것이다. 분석과 종합은 전체를 부분으로 나누고 (분석), 부분을 전체로 합성하는 스킬이다. 분석은 각 부분을 두드러지게 하는 동시에, 조직화된 개체를 분리하는 과정을 포함하는데, 예를 들어 문장에서 명사와 동사를 구별하고, 드레스를 부분별로 잘라 내고, 퍼즐 조각을 배열하는 것과 같다. 종합은 부분을 의미 있는 전체로 조직하거나 새롭고 독창적인 전체로 재구조화하는 것이다. 예를 들면, 문장을 만들거나, 드레스를 만들거나, 모형 비행기를 조립하는 것이다.

분석과 종합에 관련된 사고스킬은 포이에르스타인(1980)의 도구적 심화(IE) 프로그램의 분석적 인지 도구(analytic perception instrument)에서 배울 수 있다. 이 도구를 나타내는 상징은 4개로 분리된 타원이다. 이는 개체들이 관련 기준에 의하여 항목별로 분리될 수 있음을 의미한다. 이 상징은 분석에 주안점을 두고 있지만, 그 반대도 성립한다. 4개의 조각들은 타원을 형성하기 위해 다시 결합하여 부분들을 종합할 수 있다.

분석과 종합—무엇을, 왜, 언제 그리고 어디서

> 이 망가진 도구를 어떻게 고칠 수 있을까? 초록색을 만들기 위해선 어떤 물감 색을 섞어야 할까? 하루에 공부할 시간이 얼마나 있을까? 그 퍼즐 조각은 어디에 들어가야 할까?

이러한 종류의 질문에 대답할 수 있는 능력은 분석과 종합의 사고스킬에 달려 있다. 이것은 다음의 질문들을 포함한다. 부분이 무엇인가? 그 과정에 포함된 단계는 무엇인가? 부분들이 어떻게 서로 혹은 전체와 관련 있는가?

> "분석과 종합은, 보통 서로 다른 두 가지로 분류되기는 하지만, 올바르게 이해하면, 같은 방법의 두 가지 필요한 부분일 뿐이다. 분석과 종합은 각각 상대적이며 상호 연관되어 있다."
>
> ―해밀턴(W. Hamilton)

분석과 종합 사고스킬은 무엇인가

분석은 관련 기준에 의해 전체를 부분으로 분리하는 과정이다(분화). 종합은 부분을 유의미한 전체로 합하는 것이다(통합). 세상에서 성공적으로 적응하고 작용하기 위하여, 우리는 분화(differentiation)와 통합(integration)의 두 가지 과정 사이에서 균형을 유지해야 한다. 전체의 구조를 지배하는 원리, 관습, 부호 혹은 과정들을 이해함으로써 분화와 통합을 사용하는 데 필요한 통찰력을 제공할 수 있다. 인지의 모든 면에 분석과 종합 모두가 교대로 포함되어 있다. 이것은 피아제의 이론인 동화(assimilation)—새로운 '비트' 혹은 정보와 지식의 조각을 충분히 받아들이는 것—와 조절(accommodation)—새로운 비트들을 종합해 부분들이 서로 상호 연결되어 전체를 형성하는 방식에 대한 새로운 이해를 얻는 것—과 유사하다.

분석과 종합 사고스킬은 왜 중요할까

분석과 종합을 활용하는 데는 많은 이유가 있다. 복잡한 문제는 분해해 한 번에 한 단계씩 처리하므로 훨씬 쉽게 해결할 수 있다. 예를 들어, 수학에서 이야기 문제는 그것을 바로 해결하기 전에 우선 하위 단계로 분해해 이해하는 작업이 필요하다. 개별 조각에 대한 지식과 그들이 어떻게 관련되어 있고 통합되어 있는지의 여부는 전체를 어떻게 재구조화할 것인지에 대한 통찰력을 제공한다. 예를 들면, 수리공은 각각의 부분이 어떻게 기능하는지와 어떻게 부합하는지를 이해하는 과정을 이해해야만 차를 수리할 수 있다. 부분을 전체의 맥락 속에서 보지 못하게 하는 과잉일반화(overgeneralized)된 인지는 사고 과정에서 오류를 범하게 한다. 과잉일반화된 인지의 예로는, 개인의 행동이 혼란스러울 때, 그 원인을 그룹 혹은 문화적 특성으로 돌리는 경우이다.

분석과 종합 사고스킬은 언제 그리고 어디서 이용될까

우리는 다양한 맥락 속에서 분석과 종합을 활용한다. 때로는 개별적인 부분을 전체로 인지하는 과정이 필요한데, 예를 들어 이야기 속에서 관련된 문단을 찾는 것, 전화번호부에서 전화번호를 찾는 것, 지도에서 길을 찾는 것 등이 있다. 다른 상황에서는, 다른 모든 부분들을 합해 전체로 만드는 과정이 요구되는데, 예를 들어 쿠키 요리법을 따르거나, 조각보를 만들기 위해 천을 기우거나, 퍼즐을 조각하는 것을 말한다. 뿐만 아니라 오케스트라에서 각각의 악기들이 만들어 내는 소리를 구별하는 것과 악기들이 어떻게 조화되어 화음을 이루는지 보는 것, 쓰레기 하나하나가 환경에 미치는 악영향을 파악하는 것, 개개인의 한 표가 다수결 원칙에 의한 투표에 얼마나 영향을 미치는지 인지하는 것과 같이 부분과 전체의 관계를 이해하는 과정은 필수불가결하다.

> ## ○ 인지 수수께끼-분석과 합성
>
> 재계에서 때때로 사용되는 용어로 '정보 과다로 인한 분석 불능(analysis paralysis)'이 있다. 이는 세부사항에 있어서 중요한 큰 그림을 보는 데 실패하게 하는 교착상태에 빠지는 상황을 의미한다. 당신은 어떻게 생각하는가?

분석과 종합을 공식적 학습환경에 연결하기

다양한 공식적 학습경험이 분석과 종합을 중재하는 데 사용될 수 있다.

인문학
- 극작가가 선택한 극에서 개별적인 장면들을 어떻게 선택하고 배열하는지를 보이라.
- 수사학적으로 언어를 분석하고(의성어 사용, 두운법), 그것들이 의미의 합성에 어떻게 기여하는지 보이라.
- 시구(시의 리듬, 주제, 분위기, 어조)를 분석하여 시를 음미해 보라.

사회과학

- 사회적 사건들이 어떻게 다른 분야(경제, 정치, 문화)와 연결되어 해석될 수 있는지를 보이라.
- 공동체, 건물, 초목, 시설 등을 구성하고 있는 모든 핵심 요소 관점에서 환경을 고려해 보라.

과학

- 다양한 구성요소에 이름을 붙여 물질을 확인해 보라(예: H_2O 는 두 개의 수소 원자와 하나의 산소 원자로 구성되어 있다). 화학에서 합성이 결과물의 특성을 어떻게 변화시키는지 보이라.
- 샘플을 구성하는 다양한 무기물을 확인하기 위해 토양의 구성성분을 분석하라.
- 게놈, 유전공학, DNA 분석에 관한 연구와 그것이 인간에 미친 영향에 관한 연구를 검토하라.
- 복잡한 수학적·과학적 문제를 해결하는 데 필요한 일련의 작업을 확인하라.

예술

- 색상환이 어떠한 색 조합으로 이루어지는지 주목하라(즉, 주요 색은 부차적인 색을 창조한다).
- 형식, 색깔, 선, 어조 등과 같은 문체상의 기준에 따라 예술 작품을 분석하라. 어떻게 그것들을 통합하였기에 역사 속에서 인정받을 수 있는 시대와 예술가들을 만들어 냈는지 보이라.

기술

- 제조상의 문제를 선택하고 다양한 기계, 프로세스 및 기능이 어떻게 상호작용하여 완전히 새로운 제품을 생산하는지 분석하라.
- 자신만의 웹사이트를 디자인하고, 포함시키고 싶은 필수적 요소(블로그, 하이퍼링크, 비디오 등)를 파악하라.

분석과 종합을 비공식적 학습환경에 연결하기

일반

- 학생들이 어려운 단어를 음절이나 음성학적인 소리로 나누어 읽도록 도와주라.
- 더욱 명확한 이해를 돕기 위해 에세이 또는 시험 문제를 분석하라.
- 개별 부품의 종합이 어떻게 귀중한 전체를 만들 수 있는지 보이라(예: 퍼즐 조각, 케이크 재료 그리고 탱그램 등).

건강과 자기 계발

- 치료와 해결을 위해 복잡한 건강 문제를 관리 가능한 부분으로 나눌 수 있는 방법을 검토하라(예: 섭식장애 - 영양 검사, 칼로리 수치, 운동 루틴, 매주 체중검사, 상담).

가정

- 아이들이 블록 쌓기, 레고, 브리오 기계 장난감(역자 주: 기차가 다니는 길을 직접 조립하는 장난감) 또는 퍼즐을 조립함으로써 부품 전체를 만들 수 있는 기회를 제공하라. 그리고 부품을 결합하여 전체를 만드는 게임을 하도록 하라[예: 스크래블(Scrabble), 퍼즐].
- 벽에 걸 수 있고 가족들과 공유할 수 있는 직물이나 종이의 담요 형태로 감정의 콜라주를 만들라.
- 아이들을 팀별 게임에 초대해 다양한 규칙과 행동을 관찰하도록 하라.

지역사회

- 확립된 시스템과 관련된 모든 요소를 살펴보라. 예를 들어, 새로운 구성원을 기존 팀에 통합할 때, 새로운 '부분'이 기존 팀 전체에 어떤 영향을 미치는가?

다문화

- 다양한 문화의 관습과 그 가치에 대해 분석하라. 다음의 전통적인 관습들에 대해 토론해 보라.
  - 특정한 음식들을 먹을 때 도구를 사용하는 대신 손으로 먹는 것
  - 나이 든 사람들이 그 자녀들의 가정과 함께 지내도록 하는 것
  - 사회나 가족 공동체에서 여성 구성원을 더 중요하게 생각

하는 것

- 가족이 정해 준 누군가와 결혼하는 것
• 이 중 어떤 것을 당신의 '이상적인' 사회에 포함시킬 것인가?

분석과 종합의 적용—세계적으로 생각하고, 지역적으로 실천하라

분석과 종합에 포함된 기술은 공동체 장면에 적용될 수 있다. 예를 들어, 탄소 발자국을 줄이기 위한 방법에 대해 토의하는 공동체 구성원들을 떠올려 보자.

세계적으로 생각하고 지역적으로 실천하기 전략은 거시적인 관점—지구온난화와 탄소 배출—에서 문제를 바라보는 동시에(종합) 구조화된 미시적인 관점에서는 부분적인 요소들을 다루는 것을 암시한다(분석). 지역사회에서, 우리는 자신의 탄소 발자국을 줄이기 위한 방법(예: 자전거로 출퇴근하기, 소규모의 탄소 거래 계획하기, 나무 심기, 전기차 또는 하이브리드 차 사용하기)을 찾아낼 수 있을 것이다.

분석과 종합 중재에서 포이에르스타인의 이론

포이에르스타인(1980)의 이론은 사고스킬의 발달에 영향을 미치는 세 영역에 집중한다. 이 세 영역은 중재자가 주도하는 상호작용 형식인 중재학습경험(MLE), 학습자의 사고스킬인 인지 기능, 학습 과제에 대한 분석인 인지 지도로 이루어져 있다. 이러한 세 영역은 중재자, 학습자, 학습 과제 사이의 상호작용을 분석하는 기법들을 제공한다. 그것들은 분석과 종합의 사고스킬을 중재할 때 사용할 유용한 틀을 제공한다. 이것은 에세이 작성의 예시를 사용하여 설명할 수 있다.

중재학습경험
포이에르스타인(1980) 중재학습경험의 12가지 기준(부록 A 참조)은 중재자에게 에세이를 쓸 때 분석과 종합의 스킬을 중재하는 데 도움이 되는 기법을 제공한다. 의미(Meaning) 중재를 통해 학습자는 에세이를 서론, 본론, 결론의 구성요소로 분석하는 본질적인 목적 혹은 이유를 알게 되어 이러한 부분들을 재구성하여 응집력 있는 전체를 구성할 수 있는 감정적 투자를 할 수 있게 된다.

인지 기능

입력, 정교화, 출력 단계의 인지 기능 목록(부록 B 참조)은 효과적인 에세이 쓰기를 보장하는 데 필요한 구체적인 스킬을 목표로 삼을 수 있는 틀을 제공한다. 예를 들어, 내용을 부분적인 요소들로 분해하고 의미 있는 흐름을 만들기 위해 이를 순서대로 배치하는 것(입력 단계에서 시간 개념 이해), 에세이의 근거의 타당성을 위해 원인과 결과를 연결 짓는 것(정교화 단계에서 현실 의미 이해) 그리고 독자가 최종 결과를 이해할 수 있도록 적절하고 묘사적인 언어를 사용하는 것(출력 단계에서 적절한 표현 언어 도구) 등을 포함한다.

인지 지도

인지 지도는 학습 과제를 분석하고 조작하여 학습자에게 의미 있고 유용한 수준으로 전달되도록 보장할 수 있다(부록 C 참조). 이 예시에서, 에세이 쓰기는 표준적인 학문적 과제(내용)이며, 읽기와 쓰기 능력을 요구하며(서면 양식), 구조나 형식이 친숙해지고 연습으로 덜 복잡해진다(감소하는 단계의 추상성, 참신성 및 복잡성).

이처럼 중재학습경험, 인지 기능, 인지 지도의 기법은 에세이 쓰기에서 분석과 종합 사고스킬을 중재하는 데 사용될 수 있다.

인지교육에 대한 국제적 연구 들여다보기

분석적 인지(Analytic perception)는 포이에르스타인(1980)의 도구적 심화(IE) 프로그램에 사용된 여섯 번째 도구이다. IE 프로그램을 구성하는 도구로는 14가지가 있으며, 이는 국제적으로 다양한 맥락에서 구현되었다. 이 요약문은 벨기에서 학습 장애나 사회정서적 문제를 겪고 있는 아이들에게 IE를 사용하여 수행한 연구를 설명한다:

> 슈니처, 안드리스와 리비어(Schnitzer, Andries, & Lebeer, 2007)는 사회정서적 행동뿐만 아니라 효율적으로 인지를 변형시킬 수 있는 개입의 종류에 관해 연구하며, 동시에 맥락적 상호작용과 개입에 집중하였다. 이 연구는 특수학교에서 학습장애와 행동 문제가 있는 벨기에의 11~13세 학생들을 대상으로 진행되었다. 14개 세션의 IE를 받은 뒤, 실험에 참여했던 피험자들은 특정 인지적 기능(가설적 사고, 유머의 인지와 이해 포함)에서 두드러진 발전을 보였다. 사회정서적 행동에 미친 중대한 영향은 양적으로는 유의미하지 않았지만, 면접 상황에서 명백하게 질적으로 향상되었다. 교사들의 중재적인 태도는 지속되는 변화를 일으키는 가장 영향력 있는 요소였다. 저자는 교사들이 아이들뿐만 아니라 교사들에게 전인적인 방법으로 접근하고, 사회정서적 행동의 변화뿐만 아니라 인지적인 측면까지 집중했다면, IE와 같은 프로그램들은 대단히 차별화되고 포용적인 학교환경에서 선생님들뿐만 아니라 학생들을 도와주는 효과적인 도구가 될 것이라는 결론을 내렸다.

"전체는 각 부분들의 합보다 더 위대하다."

-아리스토텔레스(Aristotle)

"두 사람이 만나면, 실제로는 여섯 명이 있는 것이다.
자기가 바라보는 자기 자신이 있고,
다른 사람으로 자신을 바라보는 각자가 있고,
그리고 진정한 자신인 각자가 있다."

-윌리엄 제임스(William James)

"문화는 몇 세기에 걸쳐 인간이 노예가 되지 않게 해 준
예술, 사랑, 생각의 형태의 합이다."

-앙드레 말로(Andre Malraux)

7

문제해결
Problem Solving

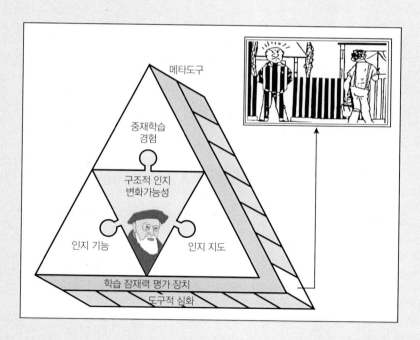

이 장에서 알아볼 사고스킬은 문제해결(problem solving)이다. 문제해결은 무언가가 잘못되었음을 인지하는 것, 왜 그것이 잘못되었는지 분석하는 것, 그것을 바르게 하기 위한 해결책을 찾는 것을 포함한다. 무언가가 잘못되었을 때, 우리는 문제의식을 가지게 하는 불균형을 감지한다. 시스템이 균형을 회복한다는 것은 문제가 해결되었다는 것이다. 이 사고스킬은 문제의 원인, 행동의 결과, 문제에 대한 해결책, 해결책의 결과 그리고 도덕적·윤리적 태도를 인지하는 것을 포함한다.

문제해결에 관련된 사고스킬은 포이에르스타인(1980)의 도구적 심화(IE) 프로그램의 일러스트레이션 도구(illustrations instrument)에서 배울 수 있다. 포이에르스타인은 일러스트레이션 혹은 만화를 이용하여, 왜 문제들이 발생하는지, 문제들을 이해하고 해결하는 다양한 방법에 대해 유머러스하게 설명하였다. 이 도구를 나타내는 포이에르스타인의 상징은 생각 없이 기계적으로 벽에 페인트칠을 하는 사람이 자신 또한 페인트칠 당하고 있다는 것을 생각하지 못하는 또 다른 사람을 페인트칠 하는 상황을 묘사한 일러스트레이션이다. 이는 생각 없이 일을 하는 것을 우스꽝스럽게 보여 준다. 일러스트레이션 도구에서는 종종 과장되고 부조리한 수많은 익살스러운 상황이 문제점과 해결책을 논의하는 도약판으로서 묘사된다.

문제해결—무엇을, 왜, 언제 그리고 어디서

문제는 왜 발생하는가? 모든 문제는 곧바로 해결될 수 있는가? 언제 창의적이고 독창적인 문제해결 방법을 써야 하는가? 터무니없거나 익살스러운 상황들을 통해 우리는 무엇을 배울 수 있을까? 가치들은 문제를 해결하는 데 있어서 우리가 선택하는 해결책에 어떤 영향을 미치는가?

이런 종류의 질문들에 대답하는 능력은 불균형이 존재하는 것을 인지하는 능력, 즉 문제를 인지하는 능력에 달려 있다. 문제를 인지했으면, 문제에 대한 적절한 해결책을 제시함으로써 균형을 다시 회복하는 것이 필요하다. 문제를 해결하는 능력은 넓은 범위의 인지 기술을 포함하는데, 그것은 인과관계를 이해하는 것을 포함한다. 예를 들어, 내가 충동적으로 행동한다면 그것이 또 다른 사건을 일어나게 할 수도 있는 것을 말한다. 또한 그것은 어려운 딜레마들을 풀어 나가기 위해 창의적이게 되는 것을 포함하는데, 예를 들어 지구온난화와 빈곤 문제와 같은 대부분의 위협적인 세계적 문제들을 해결하기 위해서는 아직 발견되지 못한 해결책들이 필요하다. 개개인 내부 차원에서 문제해결은 우리가 특정 해결책을 선택하게 된 동기를 살피는 것을 포함한다. 예를 들어, 부부간의 갈등을 해결하는 것과 같은 상황에 말이다.

문제해결 사고스킬은 무엇인가

문제해결은 인과관계를 명확히 하는 것을 포함한다. 그것은 무언가가 잘못되었음을 인지하고 그 상황에서 새로운 것을 배우거나 문제를 해결하는 것에서 시작한다. 그것은 일상생활의 일들을 해석하고, 도덕적 판단을 내리고, 혁신적이고 참신한 방법으로 행동하는 것을 포함한다. 문제해결을 통해, 우리는 우리의 가치와 잠재력에 대한 통찰력을 가지게 된다. 즉, 우리는 삶에서 배우게 된다. 많은 문제는 공통된 근본적인 원인을 가지고 있다(예: 부주의, 충동, 지시를 따르지 않는 것, 자기중심적 사고, 오해, 불명확, 가치 혹은 관점과의 갈등). 한 문제에 대한 해결책은 종종 다른 문제를 해결하기 위해 일반화될 수 있으므로 숨어 있는 원인들과 결과들을 구체적인 예시 밖으로 끄집어내야 한다.

문제해결 사고스킬은 왜 중요할까

공식적인 교육 장면에서부터 일상생활까지, 문제해결 스킬을 가르치는 이유는 여러 가지가 있다. 일러스트레이션 도구에서 이를 익살스러운 만화나 상황으로 나타낸다. 종종 실수나 문제로부터 배울 수 있는 가장 좋은 방법은 그것을 보고 웃는 것이다. 우리는 불행의 상황에서 웃음을 통해 배운다. 포이에르스타인(1980)은 이를 다음의 문제 상황 시나리오에서 알아챘다.

- 왕벌과 시비를 벌이고 있는 한 남자는 충동적으로 벌집을 때렸고, 그는 왕벌 떼에 쫓기게 되었다. 이 엽기적인 시나리오는 화와 충동성을 야기하는 것은 문제를 해결하는 좋은 방법이 되지 못한다는 것을 의미한다.
- 두 마리의 당나귀는 서로를 향해 반대 방향으로 완강하게 밀

어서 그 결과 아무도 그들 바로 옆에 놓여 있는 옥수수 더미를 먹지 못했다. 그들은 결국 서로를 미는 것보다는 함께 협력하는 것이 그들 모두가 차례로 옥수수 더미에 접근할 수 있음을 깨달았다. 이는 어떤 삶의 더 복잡한 문제들을 위한 숨어 있는 해결책, 즉 (경쟁보다는) 협력이 공동의 목표를 이루는 데 최고의 방법이라는 것을 나타낸다.

문제해결 사고스킬은 언제 그리고 어디서 이용될까

문제해결이 발생하는 수많은 맥락과 상황이 있다. 의사결정과정에서, 우리는 우리의 가치 체계에 따라 행동하기 위해 문제해결이 필요하다. 예를 들어, 시험을 위해 부정행위를 할 것인지 공부를 할지. 매일의 삶의 상황에서, 우리는 직접적인 방법과 간접적인 방법 모두를 사용해 문제들을 해결한다. 직접적이고 솔직한 문제해결은 아마도 언급한 말을 바꾸어 말하는 방법을 통해 의사소통에서 혼란스러움을 구분해 내는 것을 포함할 것이다. 간접적이고 창의적인 문제해결은 마치 자동차로 수리점에 도착하기 위해 나일

○ 인지 수수께끼─문제해결

'Z세대'는 '한 손에서는 마우스, 다른 한 손에는 휴대전화'를 들고 태어나고 있다고 일컬어진다. 그들은 일시적인 만족감과 그들의 문제가 기술에 의해 즉각적이고 자주 해결되기를 기대한다.
이것이 문제해결이나 문제상황에서의 불안정을 인식하는 그들의 근본적인 능력을 바꿀 것인가? 당신은 어떻게 생각하는가?

론 양말을 임시방편의 팬벨트 용도로 사용하는 것을 포함할지도
모른다.

문제해결을 공식적 학습환경에 연결하기

다양한 공식적 학습경험이 문제해결을 중재하는 데 사용될 수
있다.

인문학
- 토론을 문제(예: 논쟁하는 동안 관점에 대한 지지 혹은 방어)의
  해결책을 찾는 방법으로 사용하라.
- 문제가 되는 상황들을 평가하기 위해 문학을 사례로 사용하
  라[예: 셰익스피어의 『로미오와 줄리엣』에서의 가족불화, 빨간망토
  (Red Riding Hood)의 '할머니'와의 만남].

사회과학
- 역사적 사건을 탐험하기 위해 시나리오를 창작해 보라(예: 당
  신이 지난 세기에 아프리카의 말라리아 문제를 해결하는 알버트
  슈바이처가 된 것처럼).
- 정치적이고 사회적인 문제를 해석하기 위해 역사적이고 시대
  적인 뉴스 카툰을 사용하라.
- 환경적인 문제를 창의적으로 해결하도록 학생들을 격려하라
  (예: 토양 침식, 산림 벌채, 바다의 기름 유출, 고래잡이, 지구온난화).

- 단기적이고 장기적으로 영향을 미치는 환경적인 문제를 제어하기 위해 존재하는 정책들을 비판적으로 평가하라(예: 멸종 위기 종 보호, 물 보전, 대기의 오존층 고갈을 막기 위해 열대우림을 보존하는 것).

과학

- 가설을 검증하기 위한 과학실험 수행과 관련 있는 단계들을 요약하고 토론하라(예: 옥수수가 안전한지 보장하기 위해 옥수수에 물의 산성도나 염기성을 테스트하는 것).
- 에너지 공급의 기술적 문제를 해결함에 있어 확산적 사고를 격려하라(예: 바람, 태양, 배터리를 이용한 엔진, 빗물탱크, 에너지 효율이 좋은 가정기기, 전기자동차).
- 수학 문제를 해결할 때 개별적 접근을 격려하라(예: 45의 합을 얻기 위해 얼마나 많은 방법이 존재하는지 질문하는 것).

예술

- 연극을 만들 때 이용한 모든 문제해결 단계를 통해 작업하라 (예: 소품, 분위기, 음악, 대본, 조명, 무대, 등장인물 캐스팅).

기술

- 인터넷 채팅방, 리스트서브(역자 주: 특정 그룹 전원에게 메시지를 전자우편으로 자동 전송하는 시스템) 등이 얼마나 의사소통에 영향을 미치고 있는지 검토해 보라. 그리고 그것들이 다양한 문제해결을 돕는 데 사용되고 있는 방법들을 분석해 보라.

- 새로운 기술들(예: 광대역, 인터넷 접근, 팩스 전송, PDAs, 모바일 휴대전화, 인공위성 TV)을 과거의 것들과 비교하라. 그리고 그것들이 의사소통에서 다양한 문제들을 극복하는 데 얼마나 도움을 주었는지 토론하라.

문제해결을 비공식적 학습환경에 연결하기

일반

- 한 사람에게 문제가 된다고 해도 다른 사람에게는 아닐 수 있다는 점을 존중하라(예: 시끄러운 교실은 몇몇의 선생님에게는 학생들이 열심히 배우고 있다는 것을 의미할 수 있지만 다른 선생님들에게는 파괴적인 환경일 수 있다).
- 문제에 대한 독립적이고, 다양하며, 자율적인 해결책을 권장하라(예: 수학 문제, 선생님–학생 간 갈등, 쓰기 혹은 철자에 대한 어려움과 따분함).

건강과 자기 계발

- 사회에서 인과관계에 있는 상황들에 경각심을 가지라(예: 약물과 알코올 중독의 결과로 인한 공격적이고 반사회적인 행동).
- 매사에 준비되어 있어야 하며, 문제에 즉흥적으로 대처하여 해결할 수 있는 능력을 중요하게 여기라(예: 휴가를 갈 기간에 면접이 갑작스럽게 잡힌 경우).
- 신체적인 문제와 감정적인 문제를 해결하기 위해 사용할 수

있는 개인적인 전략들을 검토하라(예: 휴식, 운동, 타임아웃).

가정

- 학생이 이용하는 일러스트레이션, 즉 건강한 두 당나귀들이 반대 방향으로 수레를 끄는 카툰을 참고하라. 그런 카툰이 어떻게 문제해결의 수단으로서 협력이라는 개념을 가르칠 수 있는지 보이라. 이 일러스트레이션은 아이들에게 성공적인 단체전을 위해 필요하다는 것을 일깨워 줄 수 있다.

- 학생이 이용하는 일러스트레이션 속 어미 개와 강아지들을 통해, 우리는 가족 내에서 어떻게 개성이 존재할 수 있는지 보일 수 있다. 문제에 직면했을 때 대처하는 다양한 방법에 대해 논의하라.

- 긴장을 풀거나 문제가 너무 커지는 것을 막거나 해결하기 위해 스스로 웃어넘기듯이 집에서 되도록 긍정적인 면을 보도록 중재하라.

- 집에서의 긴급 상황에서 안전한 결정을 내리도록 도와주라. 충동적인 해결책은 상황을 악화시킬 수 있다(예: 조리기 위 기름 화재에 물 붓기).

- 긍정적인 결과를 얻기 위한 수평적이고 발산적인 사고를 포함한 창의적인 활동들의 도약판으로서 문제해결 스킬을 사용하라(예: 청소년 음주를 완화시키기 위한 창의적인 방법 찾기-그래픽 메시지나 알코올 라벨 등).

문제해결의 적용—사이버 폭력과 자살 대본

문제해결에 필요한 기술은 학교나 가정 장면에서 적용될 수 있다. 예를 들어, 인터넷 사이트나 문자를 통한 아이들과 청소년들의 왕따 문제와 정서적인 학대가 계속해서 증가하고 있는 것을 고려해 보라.

기술이 우리의 삶을 풍족하게 해 준 만큼 그에 대한 대가도 따른다. 기술은 사이버 폭력을 통해 권리를 박탈당한 우리의 청소년기를 더 외롭게 하고 있으며, 사회와 분리시키고 있다. 이메일, 채팅방, 문자 메시지, 블로그 등을 통해 어디서나 발생하고 있는 사이버 폭력은 파괴적이고 정서적인 문제를 유발한다. 사이버 폭력을 해결하기 위해서는 부모님과 선생님에게 필수적인 세 가지 행동

이 있다. 첫째, 감독하라. 아이들과 인터넷 이슈에 대해서 얘기하며 연락을 유지하고 온라인 활동과 관련된 행동 변화에 주목하라. 둘째, 교육하라. 학생들에게 왕따를 당할 때 누군가에게 얘기하라고 알려주라. 청소년들은 사이버 폭력을 당했을 때 어디에 연락을 해야 할지 알아야 하고, 어른들은 인터넷에서 괴롭히는 정보를 삭제하는 방법에 대해 알고 있어야 한다. 셋째, 장비를 갖추라. 필터 기능을 사용하거나, 채팅 혹은 피어투피어(peer to peer; 역자 주: 인터넷에서 개인과 개인이 직접 연결되는 형식) 메시지를 차단하거나, VOIP, 채팅방, 게임 등의 인터넷 애플리케이션 등을 차단하라. 이러한 조치들은 문제점을 완화시키고 잠재적인 피해를 최소화시킬 수 있다.

문제해결 중재에서 포이에르스타인의 이론

포이에르스타인(1980)의 이론은 사고스킬의 발달에 영향을 미치는 세 영역에 집중한다. 이 세 영역은 중재자가 주도하는 상호작용 형태인 중재학습경험(MLE), 학습자의 사고스킬인 인지 기능, 학습 과제에 대한 분석인 인지 지도로 이루어져 있다. 이러한 세 가지 영역은 중재자, 학습자, 학습 과제 사이의 상호작용을 분석하는 기법들을 제공한다. 그것들은 문제해결을 위한 사고스킬을 중재할 때 사용할 유용한 틀을 제공한다. 이것은 과학 실험의 예시를 사용하여 설명할 수 있다.

중재학습경험

포이에르스타인(1980) 중재학습경험의 12가지 기준(부록 A 참조)은 중재자에게 과학 실험의 가설을 증명할 때 사용하는 문제해결 스킬을 중재하는 데 도움이 되는 기법을 제공한다. 예를 들어, 자기 조절과 행동 통제는 학습자가 실험 결과에 따라 그(녀)의 행동을 조절할 필요성을 자각하는 데 도움을 준다. 이것은 실험의 모든 단계에서 그(녀)의 행동에 대한 책임을 지는 것에 연결된다. 낙관적인 대안 찾기를 중재하는 것은 학습자에게 실험 결과와 문제가 해결될 것이라는 기대에 대한 개방적이고 비판단적인 태도를 갖게 도와준다.

인지 기능

입력, 정교화, 출력 단계의 인지 기능 목록(부록 B 참조)은 과학 실험이 성공적으로 실행되는지 확인하는 데 필요한 구체적인 스킬을 목표로 삼을 수 있는 틀을 제공한다. 예를 들어, "설명은 무엇인가?" "무엇이 바뀌지 않고, 무엇이 바뀌는가?" "필요한 요소들은 무엇인가?" 같은 중재적인 서술들은 충동적인 데이터 수집을 예방할 것이다(불변성을 지키는 능력과 입력 단계에서 하나 이상의 정보원을 고려하는 능력). 실험의 결과는 다른 문제 상황(정교화 단계에서 추론적인 가설 검증)에서 이용할 수 있는 일반적인 규칙을 만들어 내는 데에 이용될 수 있다. 마지막으로, 완성도 높고 명확한 결과 반응(출력 단계에서 작업)이 요구된다.

인지 지도

인지 지도는 학습 과제를 분석하고 조작하여 그것이 학습자에게 의미 있고 유용한 수준으로 전달되도록 보장할 수 있다(부록 C 참조). 이 예시에서, 과학 실험을 하는 것은 과학적 도구를 사용해(물리적 양식) 가설을 검증하고 구체적인 예로부터 추상적 결론을 이끌어 내는(구체적인 것을 추상적으로 연결하기, 높은 수준의 참신성과 복잡성) 기술을 요구하는 복잡하고 실용적인 작업(내용)이다.

이처럼 중재학습경험, 인지 기능, 인지 지도의 스킬은 문제해결 사고스킬을 중재하는 데 사용될 수 있다.

인지교육에 대한 국제적 연구 들여다보기

일러스트레이션은 포이에르스타인의 도구적 심화(IE) 프로그램에 사용된 일곱 번째 도구이다. IE 프로그램을 구성하는 도구로는 14가지가 있으며, 이는 국제적으로 다양한 맥락에서 구현되었다. 이 요약문은 스페인에서 난독증과 독해 문제가 있는 어린이에게 IE를 사용하여 수행한 연구를 설명한다.

산체스(Sanchez, 1991)는 스페인의 시골 학교에서 나이, IQ, 사회경제적 상황을 적당히 맞추어, 각각 25명, 22명의 학생들로 이루어진 실험집단과 통제집단을 구성했다. 그들은 말하기, 쓰기, 문법을 보는 언어 시험에서 낮은 점수를 받았다. 실험집단은 3년간 다음 IE 지시 사항을 따르며 매주 3시간의 IE 훈련을 받았다. 점들의 조직화, 공간에서의 방위 I, 비교, 분석적 인식, 범주화, 일시적 관계, 지시문이 그것이다. 그리고 연구자는 IE 과제를 언어 과제로 전환하는 특별한 매체를 설계했다. 3년 후, 학생들은 지능과 언어 부문에서 다시 시험을 쳤다. 실험집단은 확연히 통제집단보다 언어와 지능 기능에서 향상된 모습을 보였다. 또한, 실험집단은 특히 어휘와 문법 부분에서 언어 시험 점수 향상을 보였다. 더 나아가, 언어성 지능

과 어휘, 독해, 유사성 항목에서 웩슬러 아동 지능 검사(WISC) 기준으로
높은 점수를 기록했다.

> "진정한 천재는 불확실하고, 위험하고,
> 모순된 정보를 평가하는 능력이 있다."
>
> – 윈스턴 처칠(Winston Churchill)

8

관계
Relationships

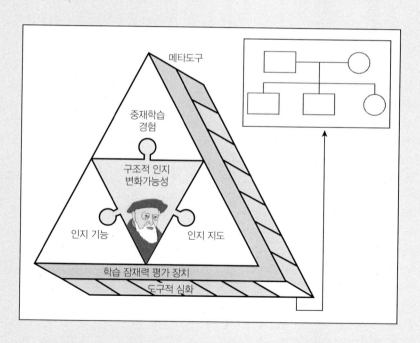

이 장에서 알아볼 사고스킬은 관계(Relationships)이다. 관계는 둘 이상의 사람들 혹은 그룹 간의 연결성과 그들이 서로에 참여하는 것을 추론, 이해 및 설명하는 데 초점을 맞춘다. 이 사고스킬은 주로 사람들이 출생이나 결혼에 의해 관련되는 방식을 주시하며, 네트워크, 시스템 또는 다른 연결을 포함하는 다른 형태의 관계와 연결된다.

관계 사고스킬은 포이에르스타인(1980)의 도구적 심화(Instrumental Enrichment) 프로그램 가족 관계 도구에서 배울 수 있다. 이 도구를 나타내는 포이에르스타인의 상징은 핵가족의 구성원 간의 관계를 설명하는 가계도이다. 사각형은 남성을 나타내고, 원은 여성을 나타낸다. 이 가계도는 부부 관계와 부모-자녀 관계를 설명한다.

관계—무엇을, 왜, 언제 그리고 어디서

> 모든 관계는 영구적인가? 한 개인이 동시에 여러 다른 관계를 가질 수 있는가?
> 관계가 역할을 결정하는가?

이러한 종류의 질문에 대답할 수 있는 능력은 관계를 이해하고 계획하는 능력에 달려 있다. 관계는 둘 이상의 사물 혹은 사람 사이의 연결, 묶음 혹은 결합이다. 관계에는 많은 다른 유형들이 있고, 이들에 대한 이해를 통해 우리는 대인적·조직적·사회적 역동을 더 잘 인식한다. 관련이 있거나 연결 혹은 소속을 갖는 것은 결혼, 출생, 친족, 연대감 등에 의해 생길 수 있다.

관계 사고스킬은 무엇인가

관계는 독립적인 개체 간의 특정한 종류의 연결이다. 가족 관계 도구는 다양한 종류의 연결 혹은 연합을 설명한다. 이들은 법적 관계(예: 신랑과 신부), 혈족 관계(예: 부모와 자식), 영구적인 관계(예: 형제자매), 일시적인 관계(예: 이혼)를 포함한다. 이러한 용어들은 친숙한 관계와 가족 구성원 간의 서로 다른 연결을 정의한다. 관계 혹은 사람 사이의 관계에 대한 개념은 가족 관계의 경계를 넘어선 소속감을 포함하기 위해 확장할 수 있다. 이는 업무 상황(예: 상사와 직원), 학교 상황(예: 교사, 교장, 학생), 여가 혹은 이익의 관계(예: 스포츠 팀의 코치와 선수, 성가대의 일원), 공동체나 그룹 관계(예: 문화적 혹은 종교적 그룹의 소속감)는 물론 디지털 관계나 온라인 이익 단체(예: 페이스북 등의 SNS '친구')에서의 관계와 소속감을 포함할 수 있다.

관계 사고스킬은 왜 중요할까

관계의 기술을 가르치는 데에는 많은 이유가 있다. 사람들 사이의 연결에 초점을 맞추는 것은 존재하는 다른 종류의 관계의 진가를 아는 것을 발전시킨다. 예를 들어, 직접적인 관계(예: 결혼)와 간접적인 관계(예: 올케), 수평적 관계(예: 부부)와 수직적 관계(예: 부모-자녀)가 있다. 이러한 관계의 검사는 설명이 특정 상황과 권력 관계에 따라 달라질 수 있어 위계적 관계는 수평적이 될 수도 있고 그 반대가 될 수도 있음을 시사한다. 또한 개인이 한 번에 가질 수 있는 두 개 이상의 중첩된 관계들을 이해하고(예: 여성은 동시에 어머니, 딸 그리고 아내가 될 수 있다) 관계의 진전 그리고 관계가 고정된 것이 아님(예: 어머니는 장모가 될 수도 있다)을 깨닫는 것 역시 중요하다. 관계는 모든 시스템으로 확장하며(예: 학교, 사회), 그 관계 속에서 작용하는 연결고리들은 추론하고, 적절한 결론을 끌어내고 그리고 다양한 시스템들을 비교하는 토대를 제공한다.

관계 사고스킬은 언제 그리고 어디서 이용될까

우리 주변에는 관계가 나타나는 상황들이 무수히 많다. 이 장에서는, 가족 내에서 다양한 관계의 전형들을 분류하는 데 초점을 맞춘다. 서양 국가들의 핵가족에서 나타나는 관계를 시작으로 할 것이지만, 확대가족과 국가가족으로 확장할 수 있다. 서로 다른 문화나 배경은 다양한 방식으로 가족 구성원들 사이의 관계를 정의한다. 예를 들어, 일부다처제는 일부 문화권에서는 허용되는 제도이지만, 어떤 문화권에서는 불법이다. 관계는 다른 분야에서 더 심도 있게 논의될 수 있는데, 예를 들면 동물의 분류, 명사군, 직장, 사회 혹은 이해집단에서 나타나는 연결이다. 가족, 집단, 공동체

○ **인지 수수께끼-관계**

관계를 형성하는 스킬을 중재하는 데 있어서, 세상을 정적이고 고정된 연결고리로 이루어져 있다고 볼 위험성이 존재하는가? 대상이나 상황에 대한 독특하고 연결되지 않는 요소를 평가할 수 있는 장소가 있는가? 어떻게 생각하는가?

혹은 문화 내의 정체성은 서로 다를 것이며, 결과적으로 이러한 집단과 하위집단 사람들 사이 및 사람들 사이에 존재하는 연결이나 네트워크의 종류도 달라질 것이다.

관계를 공식적 학습환경에 연결하기

다양한 공식적 학습경험이 관계를 중재하는 데 사용될 수 있다.

인문학

- 소리를 나타내는 문자의 공통 군집을 가진 단어군을 찾으라 (예: tch, sh, ae).
- 서로 다른 가족 관계를 나타내기 위해 사용된 어휘들에 대해 토의하라(예: 아들, 할머니, 남편, 삼촌, 아버지 등).
- 문학 작품 속에서 다양한 형태의 관계에 대해 토의하라(예: 로미오와 줄리엣, 안토니와 클레오파트라, 올리버 트위스트와 페이건, 도로시와 양철 나무꾼).

사회과학

- 가계도 구조를 사용하여 정부 혹은 지방정부에서의 위계 관계를 묘사하라.
- 다양한 형태의 왕조들과 왕족들에 대해 토의하라(예: 명나라, 스와지 왕족, 튜더 왕가 등).
- 국가들 간에 존재하는 다양한 관계들에 대해 토의하라(예: 영

국 연방과 유럽 경제 공동체).

과학

- 태양계 내 행성들과 별들의 위치와 그들 행성 간의 관계에 대해 토의해 보라.
- 동물의 왕국에서 다양한 관계를 조사해 보라(예: 사회적 서식지에 있는 개미들, 벌집에 있는 벌들, 일생 동안 짝짓기를 하는 비둘기).
- 수식을 통해 여러 가지 관계들이 어떻게 표현될 수 있는지 보이라(예: $2+4=4+2$, $A > B > C$ 혹은 $C < B < A$).

예술

- 예술 작품에 사용된 성이나 관계를 의미하는 다양한 상징들을 조사해 보라.
- 관계를 표현하기 위해 사용된 기법들의 측면에서 다양한 예술 형식들을 비평해 보라(예: 긍정적인 공간과 부정적인 공간 사이, 다양한 색깔과 색조 사이, 전경과 배경 사이).

기술

- 여러 가지 기술 간의 연결을 조사하라(예: 레이저와 키홀 수술, MRI와 암치료, 광섬유와 통신 장비, 광대역과 컴퓨터).
- 인터넷이 전 세계 컴퓨터 네트워크 간의 관계를 어떻게 하는지 토의하라.

관계를 비공식적 학습환경에 연결하기

일반

• 서로 다른 참가자와 장소들 간의 관계를 나타내는 체스 같은 게임을 하라(예: 체스에서는 퀸이 비숍보다 강하고, 폰들은 서로 동일하다).

• 일반적인 학교 위계(예: 교장-교사-조교-학생)를 요약하고 그들의 관계와 역할을 밝히라.

• 서로 다른 사람 간 관계에 대해서 논의해 보라(예: 동료-동료, 교사-학생, 남편-아내 등).

건강과 자기 계발

• 학생들이 가족들 그리고 친구들과의 관계를 평가해 볼 수 있도록 격려하라. 그들이 이런 상호작용을 통해 얻는 것과 그들이 우정을 위해 무엇을 주는지에 대해 토론하라.

• 현존하는 문화 내에서 가족 관계와 구성원의 기능에 대해서 조사하여 서로 다른 문화적 구조에 대한 이해의 촉진을 도와주라.

가정

• 사진을 이용하여 가족 구성원 간의 관계를 나타내는 가계도를 설계하라.

• 어린아이들이 가족 구성원 간의 문제를 해결할 수 있도록 다

양한 방법들을 사용하라(예: 아이를 새로 갖거나, 양부모를 갖거나, 형제자매 간의 싸움 등).

상담

- 가족 구성원 간의 관계를 탐색함으로써 그들의 역할과 책임감에 대한 이해도를 높이라.
- 기관들의 역할과 관계를 명확히 하고, 기관들의 변화가 상호작용, 기능, 성취, 협동, 만족에 있어서의 향상에 어떻게 작용하는지를 토의하며 제도를 점검하라.

관계의 적용—친척과 관계

관계의 연구에 포함된 스킬들은 공동체 장면에 적용될 수 있다. 예를 들어, 다양한 개인들이 모인 상황(아기, 할아버지, 어린아이, 엄마 그리고 혼합 가족 환경에서 서로 상호작용하는 상황)을 생각해 보라.

통계적으로 다섯 명 중 한 명의 아이는 양부모를 두었거나 의붓가정에 속해 있다. 이제 가족 구조는 더 이상 핵가족에 국한되지 않는다. 가족 구조는 역동적이고 복잡할 수도 있다. 재혼, 양부모, 입양, 확대가족, 부족 형태, 수양가족, 동거, 한부모, 동성 등 다양하다.

이런 관점에서 본다면, 공동체로서 우리가 이러한 역동을 인지하는 지원 시스템들과 인프라를 구축하는 것이 중요하다. 교육과

다양한 가족 구조에 대한 수용을 통해 공동체는 갈등과 편견 없이 성장하게 된다. 우리의 노력이 비록 끊임없이 변화할지라도 가족의 일원이라고 느낄 필요가 있는 아이들에게 특히 초점을 맞출 필요가 있다.

관계 중재에서 포이에르스타인의 이론

　포이에르스타인(1980)의 이론은 사고스킬에 영향을 미치는 세 영역을 다룬다. 이 세 가지 영역은 중재자가 주도하는 상호작용 형태인 중재학습경험(MLE), 학습자의 사고스킬인 인지 기능, 학습 과제에 대한 분석인 인지 지도로 이루어져 있다. 이러한 세 영역은 중재자, 학습자, 학습 과제 사이의 상호작용을 분석하는 기법들을 제공한다. 그것들은 관계의 사고스킬을 중재할 때 사용할 유용한 틀을 제공한다. 이것은 우성과 열성에 따라 부모에게로부터 유전되는 형질이 무엇인지를 판단할 때에 이용되는 퍼넷(Punnett) 사각형을 예시로 사용하여 설명할 수 있다.

중재학습경험

포이에르스타인(1980) 중재학습경험의 12가지 기준(부록 A 참조)은 중재자에게 관계스킬을 중재하는 데 도움이 되는 기법을 제공한다. 퍼넷 사각형이 그 예시이다. 퍼넷 사각형에선 부모의 어떤 형질이 누구에게 전달되었는지가 이미 결정되어 있다. 소속감을 중재할 때 중재자는 사람들이 어떻게 그리고 어디에 생물학적 혹은 정신적으로 부합하는지를 알게 하여, 학습자에게 가족의 한 부분이라는 인식을 주입할 수 있다. 자기변화 중재는 학습자에게 관계의 역동적인 본성과 가족, 문화, 공동체가 세대에 걸쳐 변화가능성에 어떻게 개방되어 있는지를 강화시킨다.

인지 기능

입력, 정교화, 출력 단계의 인지 기능 목록(부록 B 참조)은 지배적이고 열성인 대립 유전자(유전자 코딩)를 결정하는 데 필요한 구체적인 스킬을 목표로 삼을 수 있는 틀을 제공한다. 학습자가 퍼넷 사각형에 정보를 정확하고 체계적으로 입력하도록 하는 것(입력 단계에서 여러 가지 정보원을 고려할 수 있는 학습 상황과 능력을 체계적으로 탐구),

우성과 열성을 제대로 파악하도록 하는 것(정교화 단계에서 가상 관계를 조명) 그리고 반응을 정확하게 만들어 내는 것(출력 단계에서 간결하고 정확한 데이터)이 매우 중요하다.

인지 지도

인지 지도는 학습 과제를 분석하고 조작하여 학습자에게 그것이 의미 있고 유용한 수준으로 전달되도록 보장할 수 있다(부록 C 참조). 이 사례에서, 유전적 상속을 결정하는 것은 퍼넷 계산(상징적·수식적 양식)을 사용하여 지배적인 유전자(높은 수준의 추상성, 참신성 및 복잡성)에 대한 결론을 도출하는 기술이 필요한 생물학적 활동(내용)이다.

이처럼 중재학습경험, 인지 기능, 인지 지도의 기법은 가족의 유전적 특징에 대한 지배적이고 열성적 특성(유전적 코딩)을 해결하기 위해 퍼넷 사각형의 사례를 사용하여 관계 사고스킬을 중재하는 데 사용될 수 있다.

인지교육에 대한 국제적 연구 들여다보기

가족관계는 포이에르스타인의 도구적 심화(IE) 프로그램에 사용된 여덟 번째 도구이다. 전반적으로, IE 프로그램을 구성하는 도구로는 14가지가 있으며, 이는 국제적으로 다양한 맥락에서 구현되었다. 이 요약문은 이스라엘에서 시각장애인들과 IE를 이용한 연구를 설명하고 있다.

IE 자료는 시각장애인 및 부분적으로 볼 수 있는 학생들이 사용하도록 수정되었다. 다양한 기술을 사용해 IE 자료들을 텍스트와 다른 감지 가능한 촉각수단용으로 만들었다. 고즈먼(Gouzman, 1997)은 이스라엘에서 시각장애인들에 관한 일련의 연구 결과를 발표했다. 이 프로그램은 일반 학교에 통합된 초등학교와 중학교 학생들, 시각장애인을 위한 특수학교, 예비 대학과정에 있는 청소년들 그리고 집중적인 히브리어 프로그램에 있는 노인들, 새로운 이민자들에게 사용되었다. 프로그램 실행 결과, 시각장애인 학습자의 행동, 인식 및 자아상에서 변화가 나타났다. 행동의 영역에서 학생들은 수업에 더 많은 관심과 참여를 보여 주었다. 학생들이 훨씬 더 높은 교육 목표와 고용 목표를 설정하면서 시각장애인 학습자의 자아상이 현저하게 개선되었다. 인지적으로 중요한 변화는 시각장애인 학습자가 물체와 프로세스에 대한 '준-시각적(quasi-visual)' 표현을 획득하여, 도식화된 표현과 모델 사용법을 배우고, 학습 전략을 개발하고, 인지 기능 영역을 확장하였다는 점이다.

"가족의 얼굴은 마법 거울이다. 우리와 함께하는 그들의 모습을 보면, 우리의 과거, 현재 그리고 미래를 본다. 우리 자신에 대해 발견할 수 있다."

– 게일 러넷 버클리(Gail Lumet Buckley)

9

시간 개념
Temporal Concepts

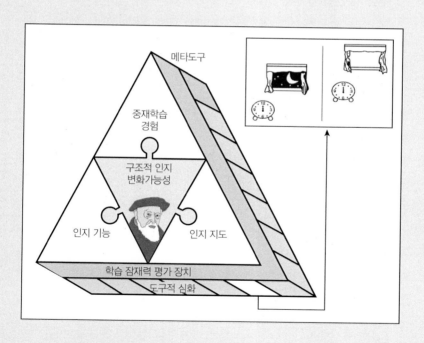

이 장에서 알아볼 사고스킬은 시간개념(Temporal Concepts)에 관한 것이다. 이것은 시간이라는 개념에 대해 이해하는 것이다. 시간의 일반적 정의로는 '규정되거나 할당된 기간' '사건들 사이의 간격' 그리고 '어느 사건이 일어나는 그 순간'이다. 시간은 서양 사회에서는 일반적으로 과거, 현재 그리고 미래로 이루어져 있다고 특징지어져 있다. 시간을 정하는 것(to time)이란 '어떠한 것에 대해 지속 기간이나, 속도를 측정하거나 기록하는 것' 또는 '리듬이나 비트에 맞춰 조절하거나 유지하는 것'을 의미한다.

시간 개념에 관련된 사고스킬은 포이에르스타인(1980)의 도구적 심화(IE) 프로그램의 시간 관계 도구에서 배울 수 있다. 이 도구를 나타내는 포이에르스타인의 상징은 시간의 두 가지 측면인 자연적 시간과 구성된 시간의 비교이다. 자연적 시간은 낮과 밤(창문에 비쳐지는 달빛 또는 햇빛)으로 묘사되어 있다. 그리고 구성된 시간은 시계(밤 12시와 낮 12시)로 묘사되어 있다. 이 두 개의 정보의 출처는 시간을 말하는 데 필요하다.

시간 개념—무엇을, 왜, 언제 그리고 어디서

> "미루는 버릇은 시간을 훔치는 도둑이다." "시간은 돈이다."
> "시간이 약이다." "시간이 얼마나 빠른가."
> "시간을 낭비하지 마라. 시간이야말로 인생을 형성하는 재료이기 때문이다."

이 인용구들의 진가를 알아보는 것은 시간 개념을 이해하는 능

력에 달려 있다. 시간은 가장 추상적인 관념들 중 하나이며, 달력
(인간으로 하여금 구성된 시간) 또는 달의 주기(자연적 시간)와 같이
다양한 방식으로 묘사될 수 있다. 시간을 관리하는 것은 효과적으
로 살아가는 데에 필요한 비결들 중 하나이다.

시간 개념과 관련된 사고스킬은 무엇인가

시간 관계는 자연적 시간 개념과 인간이 구성한 시간 개념 모두
를 이해하는 것이다. 예를 들어, 자연적 시간은 계절, 낮과 밤, 수
면 리듬, 심장 박동, 맥박 등을 포함한다. 자연적 시간은 근사치이
고 상대적이다. 예를 들어, 사람들은 다양한 시간에 배가 고프거나
피곤함을 느끼고, 심장 박동은 사람이 불안하거나 편안하거나 활
발한 것에 따라 다양한 리듬을 따르고, 태양이 지는 시간은 지리적
인 차이에 의해 다르다. 반면에, 인간으로 하여금 구성된 시간은
시계, 달력 그리고 모래시계와 같은 장치를 사용한다. 구성된 시간
은 절대적이고 정확하다(예: 1시간은 60분과 같다). 하지만 문화에
의존적이다(예: 유대인 달력의 1년은 로마인과 중국인 달력의 1년과 다
르다).

시간 개념 사고스킬은 왜 중요할까

시간 개념에 대한 사고스킬을 가르치는 데에는 여러 가지 이유
가 있다. 그중에는 과거가 현재에 영향을 끼치는 것과 과거와 현재
둘 다 미래에 영향을 끼치는 것에 대한 이해를 포함하고 있다. 시
간을 효율적으로 관리할 줄 아는 것은 중요하고, 이것은 미리 계획
하는 것을 수반한다. 즉, 장단기 목표를 진행하는 것이다. 시간을

관리하는 것은 처음부터 끝까지 사건의 순서에 따라 행동에 대한
결과를 미리 예상해 보는 것(예: 내가 이 일을 한다면 다음에 무슨 일
이 일어날까?)과 만족을 지연하는 것(예: 특정 행동을 적당한 시간이
되기 전까지 저지하는 것)을 모두 수반한다.

시간 개념 사고스킬은 언제 그리고 어디서 이용될까

시간적 개념이 쓰이고 필요한 맥락과 상황은 무수히 많다. 이러
한 맥락과 상황에는 가정(예: 밥을 먹고 자는 일상), 학교(예: 학교 스
케줄이나 시간표를 따르는 것과 제출 기한을 지키는 것), 지역사회(예:
장기적인 프로젝트를 계획하는 것)에서 찾을 수 있다. 시간 개념은
미리 계획하는 것, 과거의 경험으로부터 배우는 것, 순서를 지키
는 것과 예들에서 보듯이 인생을 효과적으로 살아가는 데 필수적
이다.

종교와 문화마다 시간을 구성하는 방식이 다르다. 예를 들어, 유
대교-기독교인들의 접근에서 시간은 신의 탄생에서부터 시작한
직선 모양이다. 신은 영원하고 시간을 초월한 영원함에 존재한다.
하지만 특정 북미 원주민 집단, 힌두교 그리고 불교와 같은 다른
종교와 문화에서 시간은 탄생의 순환이 반복된다는 점에서 순환적
이다. 오스트레일리아 원주민들은 시간의 두 가지 형태, 즉 일상적
목표지향성의 활동 그리고 '꿈의 시대'라는 무한한 정신적 순환을
믿는다. 아프리카의 특정 집단과 같은 다른 문화에서는 영적 시간
에서 그들의 조상들과 연결되어 있다고 믿는다.

시간은 또한 사람의 심리 상태에 따라 다르게 해석될 수도 있다.
서로 다른 개인들은 그들이 기쁘거나 스트레스를 받고 있을 때, 어

딘가에 참여하고 있거나, 무엇인가 기다리는 상황에 따라 동일한 길이의 시간을 서로 다른 정도의 시간으로 판단할 수 있다. 시간은 개인의 마음 상태에 따라 '날아간다'거나 '오래 걸린다'고 말해지기도 한다. 이 관점에서, 시간은 아인슈타인의 상대성 이론과 연관이 있다. 또한 환각성 약물은 개인의 시간에 대한 인식을 바꾸어 시간을 느리게 하거나 멈추거나, 빠르거나, 과거로 돌아가거나, 심지어는 시간의 순서가 뒤죽박죽 느껴지게 할 수도 있다.

시간 측정과 시간 관리는 시간 개념에 있어 두 가지의 중요한 관점이다. 시간을 측정하는 것은 문명과 도구, 기술들이 태양의 움직임, 달의 상태, 시계추와 시계, 달력의 움직임을 포함하는 핵심 주제이고, 시간 관리는 인지능력과 순서대로 사건을 구조화시키고 나열하는 삶의 기술을 포함하는 것이다. 기술이 발달함에 따라, 이메일, 인터넷, 팩스, 문자 메시지 등의 매체들은 시간 관리에 더 많은 도전을 형성하며 임무를 완수하는 시간을 줄일 수 있게 하는 것처럼 보인다.

○ 인지 수수께끼-시간 개념

'천천히 배우기'의 개념은 교육 분야에 몸담고 있는 사람들에게서 연구되어 왔다. 천천히 배우기는 '빨리' 배우기의 '표면적인' 속성과는 반대로 그 느린 속도로 인해 배움의 질과 깊이를 향상시킬 수 있다고 주장되어 왔다. 또한 천천히 배우기는 정신건강을 보존하고, 깊은 스트레스를 줄이고, 자기 성찰을 이끌 것이다. 당신은 어떻게 생각하는가?

시간 개념을 공식적 학습환경에 연결하기

다양한 공식적 학습경험이 시간 개념을 중재하는 데 사용될 수 있다.

인문학

- 시기별로 고전소설들에 대해 논하고 나열하라.
- 과거, 현재, 미래 시제를 나타내는 문법적 구조와 어휘를 확인하라(예: was, am, will be)
- 당신은 타임머신 안에 있고 시계를 앞뒤로 조절하면서 여행하고 다닌다고 상상하며 창의적인 이야기를 써 보라.

사회과학

- 서로 다른 시간과 사건을 묘사하는 타임라인을 그리라(예: 빙하기, 석기, 암흑기 등).
- 과거(예: 노예제 폐지, 베를린 장벽 허물기, 발리 폭탄테러 등)의 사건이 어떻게 현재 사회의 정치 관행에 영향을 주고 있는지 되돌아보라.

과학

- 식물과 동물의 세계에서 생활주기와 계절을 묘사하라. 예를 들면, 변태의 순환과정(알, 애벌레, 고치, 나비)을 연구하라.
- 물리학에서 시간과 관련 있는 방정식을 사용하는 문제를 풀

라(예: 시간=거리/속력, 속도=변위/시간, 가속도=속도/시간).

- 디지털과 아날로그 시간의 표현을 비교하라(예: 4:55=5시가 되기 5분 전).
- 시대별로 측정에 쓰이는 다양한 도구를 탐색하라(예: 불타는 초, 그림자 막대, 달걀 타이머).

예술

- 수 세기에 걸친 예술가들의 그림과 조각 그리고 오늘날 그것들을 감상하는 방법을 알아보라.
- 그리기 과정에 있어서 순서와 걸린 시간을 설명하라(예: 사진과 옵셋 인쇄법).
- 음악 작품과 춤에서 템포, 비트 그리고 리듬의 중요성을 강조하라.

기술

- 시간 틀(time frame)에 관한 단어의 사용이 중성자 물리학과 의학에서 신기술(예: 마이크로초, 나노초)의 발명에 변화를 주기 위해 어떻게 하고 있는지 논의하라.
- 품질 손실 없이 프로세스를 가속할 수 있는 방법을 검토하라(예: 컴퓨터 소프트웨어를 사용하여 작업을 지시하는 것 대신 로봇 절단기 사용).

시간 개념을 비공식적 학습환경에 연결하기

일반

- 한 해의 이벤트들(예: 동창회 가는 날, 미식축구 경기일, 무도회 일)을 보여 주는 학교 달력을 작성하라.
- 전공 시험을 위해 학생들이 공부 계획서를 세울 수 있도록 도와주라.
- '개인 시간'(예: 갈등 상황에서 타임아웃 가지기)이라는 개념에 대하여 한번 생각해 보라.
- 개인이 사회와 '보조를 맞추고' 있는지, 아니면 '조화를 이루지 못하고' 있는지에 대해 분석해 개인이 문제를 해결할 수 있도록 도와주라(예: 개인이 과거에 살아가고 있는가, 아니면 미래를 깊이 생각하고 있는가?).
- 학생들이 과거를 어떤 방법으로 반성해야 하는지에 대해 분석하고, 여전히 시간에 따라 앞으로 나아가는 것을 허락해 주라.
- 시간이 지남에 따라 개인의 행동이 어떻게 변화했는지에 대하여 탐색할 수 있도록 도와주고, 미래에 반드시 건강해질 수 있도록 그들이 지금 무엇을 하고 있는지 알 수 있게 도와주라.

가정

- 그림 또는 그래픽 형태로 과외 활동을 위한 시간표를 설계하라. 아이들이 물건을 언제 가방에 챙겨 넣을지 알 수 있도록 그것들을 집안에 전시해 두라.

- 정원에 사용할 해시계 또는 그림자 막대를 만들라. 하루 동안의 다른 시간대마다 그림자가 어떻게 움직이는지 관찰하라. 다른 그림자들의 크기가 어떻게 변하는지에 대하여 탐구해 보라.
- 시계, 다이어리, 일지 그리고 달력을 사용하도록 격려해 시간에 대한 의식을 키우라.
- 어린이들이 자신의 시간을 조직화할 수 있도록 가르치라(예: TV 가이드를 활용하여 시청 시간 조정하기, 숙제, 목욕 시간, 취침 시간을 계획하기).
- 연휴 또는 여행 사진으로 구성된 저널, 다이어리, 스크랩북을 만들라.
- 자연적 시간을 이해하고 감사할 수 있도록 도와주라(예: 달의 변화 단계 주목하기, 계절의 변화, 밤과 낮).
- '생리학적' 시간관점에서 생체 리듬, 생체 시계 그리고 다른 자연스러운 리듬에 대한 인식을 창조하라(예: 신체가 우리에게 식사를 하거나 잠을 잘 시간을 알려 주는 경우).

다문화

- 시간 개념에 대한 연구를 활용하여 다양한 문화 속의 시간에 대한 공감과 인식을 촉진시키라(예: 낮잠 자는 시간, 안식일이 이루어지는 다른 날들, 1주 근무 시간-4일 대 5일 , 여름 방학)
- 다양한 문화에서 과거, 현재, 미래의 개념에 대하여 탐구하라 (예: 환생에 대한 생각, 사후세계의 개념, 선형적인 것과 대조되는 순환하는 자연이라 하는 삶에 대한 철학).

시간 개념의 적용—느리고 꾸준하게

시간 개념에 대한 연구와 관련된 스킬들은 가족 장면에 적용될 수 있다. 예를 들어, 가정환경에서 슬로우 푸드, 느린 노선, 느린 배움 같은 느긋해진다는 개념을 생각해 보라.

시간과 관련된 연구들은 어떤 일을 더 빨리, 더 효율적으로, 더 경제적으로 할 수 있는지에 대하여 집중하는 경향이 있다. 이것들은 집에서부터 큰 회사까지 삶의 모든 분야에서 나타나는 현상들이다. 느림이 부정적인 함축적 의미를 가진 세계에서, 우리는 시간 개념에 대하여 다시 한번 논의해야 한다. 시작하기에 좋은 곳은

가족 장면에서이다. 가정에서 "서둘러"를 "느긋하게 해" "차근히 해"로, 예술과 맛을 모두 만끽할 수 있도록 해 주는 '느린 요리'로 '패스트푸드'를 대체할 수 있다. 연휴는 풍경과 문화를 진실로 느 낄 수 있는 '느린 경로'를 이용할 수 있도록 한다. 어쩌면 오늘은 교 실에 있는 아이들이 '느린 시간'에 대하여 교육을 받고 이를 반영하 여 잠시 멈추는 것이 더 중요할 수도 있다.

시간 개념 중재에서 포이에르스타인의 이론

포이에르스타인(1980)의 이론은 사고스킬의 발달에 영향을 미 치는 세 영역에 집중한다. 이 세 영역은 중재자가 주도하는 상호작 용 형태인 중재학습경험(MLE), 학습자의 사고스킬인 인지 기능, 학습 과제에 대한 분석인 인지 지도로 이루어져 있다. 이 세 영역은 중재 자, 학습자, 학습 과제 사이의 상호작용을 분석하는 기법들을 제공 한다. 그것들은 시간 개념을 위한 사고스킬을 중재할 때 사용할 유 용한 틀을 제공한다. 이것은 학습 시간표를 계획할 때의 예를 사용 하여 설명할 수 있다.

중재학습경험
포이에르스타인(1980) 중재학습경험의 12가지 기준(부록 A 참조) 은 중재자에게 학습 시간표 계획을 통해 시간 개념에 대한 사고스 킬을 중재하는 데 도움이 되는 기법을 제공한다. 목표 계획을 중재 함으로써 학습자가 시간 관리의 더 큰 그림을 보고 학습 계획을 더 넓은 직업과 인생 목표와 연결시킬 수 있도록 도움을 줄 것이다. 자기 규제와 행동 통제를 중재함으로써 학습자는 일부 행동들이 단기적으로 변할 필요가 있다고 이해하고, 규율과 끈기를 통해 연구 계획을 실현해 장기적인 면에서 잠재적으로 긍정적인 결과를 얻게 될 것이다.

인지 기능

입력, 정교화, 출력 단계의 인지 기능 목록(부록 B 참조)은 구체적인 시간표의 일정을 설계하는 것이 시간에 대한 인지 스킬을 성장시키는 틀을 제공한다. 필수적인 활동과 중요하지 않은 활동을 식별하고 얼마나 많은 시간이 관련되는지 파악하면 모호하고 광범위한 데이터 수집을 막을 수 있다(입력 단계에서 학습 상황의 명확한 탐구). 활동의 우선순위를 정하고 체계화함으로써 명확한 계획이 수립된다(정교화 단계에서 관련된 단서와 계획 활동을 선택하는 것). 마지막으로, 장애물 또는 꾸물거림을 극복해 긍정적인 결과를 얻는다(출력 단계에서 일처리).

인지 지도

인지 지도는 학습 과제를 분석하고 조작하여 학습자에게 그것이 의미 있고 유용한 수준으로 전달되도록 보장할 수 있다(부록 C 참조). 이 예시에서, 학습 시간표를 계획하는 것은 하나의 시간 관리 작업으로(내용), 시간 관리 차트에 순서를 부여하는 기술을 필요로 하며(그래픽 양식), 학습할 내용을 공부할 수 있는 시간에 배치한 구조화된 시간표를 만드는 것이다(중간 수준의 추상성, 참신성 및 복잡성).

이처럼 중재학습경험, 인지 기능, 인지 지도의 기법은 학습 시간 표를 사용해 시간 개념에 관련된 사고스킬을 중재하는 데 사용될 수 있다.

인지교육에 대한 국제적 연구 들여다보기

시간 개념은 포이에르스타인(1980)의 도구적 심화(IE) 프로그램에 사용된 아홉 번째 도구이다. IE 프로그램을 구성하는 도구로는 14가지가 있으며, 이는 국제적으로 다양한 맥락에서 구현되었다. 이 요약문은 뉴질랜드에서 청각장애인에게 IE를 사용하여 수행한 연구를 설명한다.

딕페니(Thickpenny, 1982)는 뉴질랜드 오클랜드의 청각장애 아동을 위한 학교에서 2개 반의 청소년 아동들과 함께 사용했을 때 청각장애가 심각한 학생들에게 IE를 사용하여 긍정적인 결과를 발견했다. 이 연구에서 IE에 대한 노출이 커질수록 인지능력의 사용이 더 확장되는 것으로 나타났다. 그의 연구에서 딕페니는 IE가 청각장애가 심각한 학생들에게 성공적으로 구현될 수 있으며 학습된 인지 기술의 일반화된 응용을 생산하는 것처럼 보인다고 결론을 내렸다. 청각장애인과 IE 사용의 긍정적 결과는 미국의 킨(Keane, 1983)과 마틴(Martin, 1993)에 의해 발견되었다. 이 연구의 중요한 함의는 청각장애 학생의 부모가 자녀들에게 세상에 대해 중재하는 방식을 체계적으로 개선시킬 수 있다는 것이다. 아마도 어떤 훈련 프로그램을 구성하든지 중재학습이론을 하나의 원리로 사용할 수 있다는 점이다. 교육에 대한 함의는 아이들이 수용할 수 있는 학업 수준을 달성하지 못하게 하는 인지결핍을 진단할 필요가 있고, 특히 청각장애인을 위해 적용된 IE가 그들의 치료 방법으로 사용될 수 있는 것이다.

"누구든지 과거를 모른다면 현재에 대한 이해가 아주 적을 것이며
미래에 대한 비전이 없을 것이다."

-조셉 레이먼드(Joseph S. Raymond)

10

지시문
Instructions

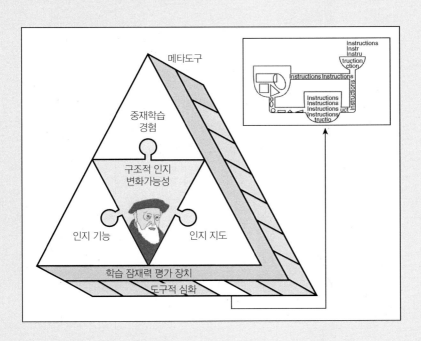

이 장에서 알아볼 사고스킬은 지시문(Instructions)이다. 지시문은 정보를 코딩하고(주기) 해독하는(받기) 두 개의 상호 과정과 관련이 있다. 지시문은 보통 명령('to'나 명사 혹은 대명사를 동사 앞에 붙이지 않은 채 동사를 사용하는 것)을 사용하여 코딩된다. 예를 들어, "너는 이 공원에서 잔디밭에 들어가면 안 돼."라고 말하는 대신, 강제적인 지시문을 이용하여 말하면 "잔디밭에 들어가지 마."가 된다. 어떻게 지시문을 코딩해야 하는지, 혹은 어떻게 지시문을 주어야 하는지를 이해하고, 그다음에 지시문을 해독하거나 따르는 것은 시간과 에너지를 절약해 줄 것이고, 실수와 오류를 방지한다.

지시문에 관련된 사고스킬은 포이에르스타인(1980)의 도구적 심화(IE) 프로그램의 지시문 도구에서 배울 수 있다. 이 도구를 나타내는 포이에르스타인의 상징은 어떻게 지시문이 입력 단계(지시문이 코딩될 때), 정교화 단계(지시가 생각될 때) 그리고 출력 단계(지시문이 해독되어 이행될 때)에 관여하는지를 보여 주는 다이어그램이다. 더 나아가, 이 도구는 지시문이 따라야 하는 하나의 방향(예: "풀 위를 걷지 마라.")이나 여러 단계의 집합(예: 쿠키 구울 때의 단계)을 어떻게 구성하고 있는지를 분명히 보여 준다.

지시문—무엇을, 왜, 언제 그리고 어디서

내가 약을 얼마나 먹어야 할까?

내가 시험에서 대답해야 하는 문제가 뭘까?

어떻게 공항에 갈까? 게임의 규칙은 뭘까?

어떻게 이 가구 부품을 조립할까? 어떻게 초코칩 쿠키를 만들까?

이러한 종류의 질문에 대답하는 능력은 지시문과 방향이 무엇인지 그리고 그것을 행동으로 바꾸는 방법을 이해하고 있는지의 여부에 좌우된다. 지시문을 이해하는 것은 코딩(명령이나 방향들을 줄 수 있는 것)뿐만 아니라 해독(명령을 이행하거나 방향들을 따라가기 위하여 명령의 의미를 해석할 수 있는 것)과 관련된다. 우리는 지시문을 청각과 언어에 의한 방식(예: 전화로 주어진 지시), 글에 의한 방식(예: 잡지에 나온 레시피), 시각에 의한 방식(예: 길 위의 표지판이나 기기를 고치는 방법을 보여 주는 다이어그램), 청각과 시각에 의한 방식(예: 온라인 트레이닝 비디오) 그리고 심지어 비언어적 방식(예: 부모님의 찌푸린 표정을 '지금은 안 돼!'라고 해석하는 것) 등 다양한 방식으로 주고받을 수 있다.

지시문과 관련된 사고스킬은 무엇인가

지시문은 해석하거나 명령, 메시지 혹은 지시문이나 방향을 주는 것을 포함한다. 전략을 갖는 것은 지시문을 코딩하거나 해독하는 데 도움이 된다. 유용한 전략은 누가(Who), 무엇을(What), 왜

(Why), 언제(When), 어떤 것(Which) 그리고 어디서(Where) 등 6개의 Wh질문을 묻는 것이다. 적절한 곳에 이 질문들에 대한 답을 적용시키면 지시문을 시행할 때 올바른 결론이 도출됨을 보장한다. 또한 지시문에 대한 올바른 전략과 해독결과를 따르면, 지시문 시행의 오류 또한 최소화된다. 지시문을 코딩하기 위해 명령문을 사용할 때, 지시문이나 방향이 명확하고 잘 표현되었는지를 확실히 할 필요가 있다. 다른 형태의 지시문에 맞게 다른 양식을 사용할 수도 있다(예: 글로 쓰인 레시피, 모형을 만들기 위한 다이어그램, 게임을 하기 위한 언어적 설명).

지시문 사고스킬은 왜 중요할까

지시문을 주고받는 스킬을 가르치는 데는 많은 이유가 있다. 지시문을 코딩하고 해독할 수 있는 것의 중요성을 보여 주기 위한 가장 좋은 방법은 바로 지시문을 적절히 주고 따르지 않았을 때의 결과에 대해 토의하는 것이다. 예를 들면, 의사가 올바른 약물 투여량을 지시하지 않으면 어떻게 될까? 시험에서 에세이 주제를 제대로 해독하지(이해하지) 못한다면? 도로의 표지판을 따르지 않았을 때의 결과는 어떨까?

지시문을 주고받는 것은 학교에서건, 집에서건, 공동체에서건 일상생활에서 없어서는 안 되는 부분이다. 지시문을 따르는 중에 발생한 오류는 위험(예: 도로 표지판을 따르지 않는 것)을 일으키거나, 부끄러운 상황(예: 베이킹 레시피에 설탕 대신 소금을 넣는 것)을 만들거나 혹은 혼란(예: 파티 초대장에 잘못된 날짜를 적어 주는 것)을 야기할 수도 있다. 지시문은 수많은 정보를 고려하는 것, 결론을 내는 기술 그리고 하나 이상의 정보를 같이 생각하는 능력뿐만 아니라 정확하고 정밀한 정보의 입출력 과정과 같은 다양한 인지 기능의 사용을 요구한다.

지시문 사고스킬은 언제 그리고 어디서 이용될까

지시문을 주고받는 맥락과 상황은 다양하게 존재한다. 가정에서, 우리는 아침에 시리얼 박스의 지시문에 따르고, 아이들에게 집안일을 하도록 지시를 하고, 밤에 DVD를 실행시키기까지, 아침부터 밤까지 해독하고 코딩한다. 전형적인 학교생활은 지시문을 주고, 따르는 데에서 통제된다. 예를 들면, 학교 규칙을 준수하고, 실험을 할 때 선생님의 지시를 듣고, 누군가에게 언제 어디서 차를 갈아탈지를 말하는 것들이다. 우리의 일상은 어떻게 소프트웨어 프로그램을 설치하고, 누구에게 불만을 제기할지, 어느 편의 도로에서 운전을 해야 하는지 등의 지시문으로 통제된다. 지시문을 주고받는 것은 보편적인 인지 스킬이다.

> **○ 인지 수수께끼-지시문**
>
> "발견은 종종 지시를 따르지 않고 주 선로에서 벗어나, 아직 시도되지 않은 것들을 시도하는 것에서 시작된다."(Frank Tyger, n. d.)
> 지시를 따르지 않는 경우가 있는가? 아이의 도전 의식과 창의적인 정신을 중재하는 것을 생각하라. 어떻게 생각하는가?

지시문을 공식적 학습환경에 연결하기

다양한 공식적 학습경험이 지시문을 중재하는 데 사용될 수 있다.

인문학
- 특정 언어의 철자법과 문법 규칙을 검토하라(예: I가 E 앞이다. C 다음에 올 때는 제외하고, 역자 주: 영어철자법 i와 e가 함께 중모음으로 쓰일 때 'ie'가 맞는 철자법인데, 그중 c가 앞에 올때는 'ei'가 맞는 철자법이다).
- 다양한 기관의 특정 형식, 언어 및 지시문 형식을 확인해 보라(예: 도서관에서 참고문헌, 의회에서 법적 문건 찾기).

사회과학
- 의회의 회기 혹은 다른 정부기관과의 미팅을 하는 동안에 모든 사람들이 따라야 할 논의 규약들을 구성하라(예: 의회의 절차와 예의).
- 학교나 사업 환경에서 개인을 보호하는 법이나 규제들을 탐구하라.

과학
- 과학적인 실험을 수행할 때에는 제시되는 특정 지시문과 안전 예방의 중요성을 강조하라.

- 식물과 동물의 연구에서 해부가 다음의 특정 단계를 포함하는지를 보여 주라(예: 꽃 해부에서, 꽃받침잎에서 시작해서 암술머리까지 시행하는 것).
- 제시된 수학적 규칙과 정리들의 중요성을 설명하라(예: 괄호가 있을 때에 계산의 순서).

예술

- 실크 스크린, 밀납 염색한 천 만들기, 필름에서 사진 현상하기 등과 관련된 과정의 순서를 따르는 것이 왜 중요한지 보이라.
- 왈츠 혹은 마카레나와 같은 춤을 선택하고, 그 춤에 대한 일련의 지시사항들을 쓰거나 도표로 나타내라.
- 드라마 극본에 제시된 지시문 혹은 무대 방향을 따르는 것의 중요성을 강조하라(예: 중앙 무대로 온다거나, 왼쪽 뒤편으로 나간다거나).

기술

- 제작자들이 원자재로부터 제품을 만들 때에 따라야 하는 단계별 과정을 보이라(예: 사탕수수로부터 설탕을 정제하기, 원유로부터 휘발유를 뽑아내기).
- 소프트웨어 다운로드와 설치를 할 때 주어지는 지시문들의 범위를 조사하라. 각 항목의 사용자 친화성을 비판적으로 평가하라.
- 노동자들을 그들의 직업으로부터 지켜 주는 구체적 법령이나 지시문들을 검토하라(예: 직업 건강과 안전 절차들).

지시문을 비공식적 학습환경에 연결하기

일반

- 구체적으로 답을 구조화할 수 있도록 과제 주제와 테스트 및 시험 지시문을 주의 깊게 분석하라.
- 안내 사항들을 만들고 따르는 것을 연습하라(예: 지도에서 특정한 장소를 찾기, 케이크 만들기, 구조 끼워 맞추기).
- 갈등과 혼란을 방지하기 위해 게임의 규칙을 지키라.
- 도서관으로부터 책을 확인하는 과정을 설명하라.
- 사용하기 전에, 기기 혹은 다른 가전제품의 작동을 위한 지시문을 읽으라.

건강과 자기 계발

- 지시문을 따라서 '삶에 대처하기' 전략을 중재하라(예: 공중전화나 주차권 판매기들을 사용하는 것, 스케줄 혹은 시간표를 읽는 것, 자료를 작성하는 것, 교통 표지를 해석하는 것에 대한 실질적인 접근).

가정

- 지시문을 조직적으로 따름으로써 아이들에게 모형 비행기를 어떻게 만들면 되는지 보여 주라. 비행기의 올바른 요소들이 모두 올바르게 쓰였고, 또한 그들이 올바른 순서대로 조립되었다는 것을 확실하게 하라. 그렇지 않으면, 완성된 제품은

성공할 수 없을 것이다.

• 바로 자른 목재로 나무 집이나 플레이 하우스를 지으라. 안전하고 올바르게 조립된 것을 확실하게 하기 위해 지시문을 따르라.

• 다음의 간단한 안내 사항들을 수행하라(예: 묘목에서 식물을 키우는 것, 게임의 규칙들을 따르는 것, 새로운 기기들을 작동하고 고치는 것, 초대장을 쓰는 것, 휴대전화 메시지를 받는 것).

창의

• 지시문 개념을 창의적이고 다양하며 개인주의적이고 역발상 사고를 위한 자극으로 사용하라. 거기서 순서와 질서의 법칙은 목적에 맞게 처리된다.

• 당신의 아버지가 가장 좋아하는 초콜릿 케이크 조리법의 단계가 지시문 냄비에 섞여 있다고 상상해 보라. 각 단계를 무작위로 뽑고 어떤 순서로 진행되더라도 자신만의 조리법을 따르라. 그 케이크는 어떻게 생겼는가?

다문화

• 지시문 도구들을 다양한 문화에서 프로토콜과 절차를 검토하기 위한 발판으로 사용하라. 결혼식, 세례(기독교 전통), 바르미츠바 혹은 바트미츠바(유교적 전통), 퀸세네라(멕시코 전통), 기도, 심령론, 더 높은 지위 혹은 최상의 존재로부터의 삶의 지시문 등과 같은 다양한 문화에서 행하는 의례들에 대해 토론하고 비교해 보라.

지시문의 적용—내재된 설명

지시문을 이해하는 데 필요한 스킬들은 교실 장면에 적용될 수 있다. 예를 들어, 지시문이 함축된 무수히 많은 생활 속 표지판과 부호들을 생각해 보라(예: '휠체어만 허용됨' '우회전' '주차 금지' '적재 구역'). 이런 비언어적 설명들은 종종 함축된 의미를 갖고 있어 어른들과 어린이들 모두에게 혼란을 줄 수 있다.

지시문에는 메시지가 언어적 그리고 비언어적으로 전달되어 해석될 수 있는 심리적이고 감정적인 요소가 있다. 학생들은 그런 메

시지를 해석하고 반응하는 데 도움이 필요하다. 우리는 그들에게 지시문이 쓰이거나 발표될 필요가 없다는 것을 보여 주어야 한다. 지시문은 상징, 부호, 몸짓, 준언어적인 단서, 자세, 심지어 사물의 병렬들에 의해서도 전달될 수 있다. 이런 단서들은 혼란, 불안, 충동성 등의 감정적인 반응을 일으킬 수 있다. 학생들이 이런 예시들에 대해 최대한 많이 노출될 수 있도록 하고 그런 설명에 대한 잘못된 해석의 결과에 대해 논의하는 것을 목표로 하라.

지시문 중재에서 포이에르스타인의 이론

포이에르스타인(1980)의 이론은 사고스킬의 발달에 영향을 미치는 세 영역에 집중한다. 이 세 영역은 중재자가 주도하는 상호작용 형태인 중재학습경험(MLE), 학습자의 사고스킬인 인지 기능, 학습 과제에 대한 분석인 인지 지도로 이루어져 있다. 이 세 영역은 중재자, 학습자, 학습 과제 사이의 상호작용을 분석하는 기법들을 제공한다. 그것들은 지시문 사고스킬을 중재할 때 사용할 유용한 틀을 제공한다. 이는 레시피를 따르는 사례를 사용하여 설명할 수 있다.

중재학습경험

포이에르스타인(1980) 중재학습경험의 12가지 기준(부록 A 참조)은 중재자에게 지시문 스킬을 중재하는 데 도움이 되는 기법을 제공한다. 레시피 책에 있는 지시문을 따르는 예처럼, 중재자는 학습자에게 과제에 집중하고 레시피의 단계를 해석하기 위한 호혜성을 주입할 수 있다(의도와 호혜성 중재하기). 중재자는 정확하게 지시문을 따르는 것이 중요하고 필요한 여러 사례를 제공함으로써 과제의 근본적인 개념을 끌어내고, 그것을 일상생활 속 다른 사례들과 연결한다(초월성 중재하기).

인지 기능

입력, 정교화, 출력 단계의 인지 기능 목록(부록 B 참조)은 레시피의 단계가 정확하고 올바른 순서로 수행되는지 확인하는 데 필요한 구체적인 스킬을 목표로 삼을 수 있는 틀을 제공한다. 예를 들어, "다음 단계는 뭐야?"와 "필요한 재료들은 뭐야?"와 같은 질문을 중재하면 충동적인 정보 수집(입력 단계에서 정보 수집의 신중함과 정확성 그리고 하나 이상의 정보원을 고려하는 능력)을 막을 것이다. 일련의 단계가 완료될 때까지 체크하고, 필수 재료의 서로 다른 양들을 비교할 수 있다(정교화 단계에서 관련 단서 및 자발적인 비교 행동을 선택). 마지막으로, 반응하는 데 있어서나 시행착오 반응에서의 충동을 방지하기 위해, 중재자는 과정을 모델링하거나 과정을 통해 말할 수 있다(출력 단계에서 참여 및 일처리).

인지 지도

인지 지도는 학습 과제를 분석하고 조작하여 학습자에게 그것이 의미 있고 유용한 수준으로 전달되도록 보장할 수 있다(부록 C 참조). 이 사례에서, 레시피를 해석하는 것은 성공적으로 굽고 요리하는 지시문을 읽고(서면 양식) 해석하는 데(감소하는 단계의 추상성, 참신성 및 복잡성) 요구되는 스킬인 일상적인 과제(내용)이다.

이처럼 중재학습경험, 인지 기능, 인지 지도의 기법은 지시문에 관련된 사고스킬을 중재하는 데 사용될 수 있다.

인지교육에 대한 국제적 연구 들여다보기

지시문은 포이에르스타인(1980)의 도구적 심화(IE) 프로그램에 사용된 열 번째 도구이다. IE 프로그램을 구성하는 도구로는 14가지가 있으며, 이는 국제적으로 다양한 맥락에서 구현되었다. 이 요약문은 심하게 손상된 내담자를 대상으로 인지적 변화가능성을 가능하게 하기 위해 행해진 연구를 설명한다.

포이에르스타인의 학습 잠재력 평가 장치(LPAD)를 사용하여 이스라엘의 게하 병원에서 스쿠이, 앱터와 뎀보(Skuy, Apter, & Dembo, 1992)가 수행한 연구 결과는 행동장애를 가진 것으로 진단 받은 사람들과 조현병을 앓고 있는 사람들 모두 인지 손상의 변화와 개선이 가능하다는 것이었다. 같은 병원의 하다스-리도(Hadas-Lidor, 2001)의 후속 연구는 조현병 환자를 재활시키는 데 있어 IE의 효과를 고려했다. 58명의 조현병 환자를 대상으로 한 이 연구에서 내담자는 실험집단(IE)과 대조집단(전통적인 작업 치료법으로 치료)으로 동등하게 일치되었다. 1년 후, 결과는 거의 모든 인지 테스트에서 실험집단과 대조집단 간에 유의미한 차이를 보였으며, 특히 기억과 사고 과정뿐만 아니라 일과 거주 상태에서도 유의미한 차이를 보였다. 일상생활 활동이나 자기 개념 척도에는 유의미한 차이가 없었다. 저자들은 조현병 환자의 재활에 장기간의 인지적 중재를 포함시키는 것이 중요하다는 점을 연구 결과로 입증했다.

> "분쟁 당사자들이 자신의 조건을 정의할 수 있다면
> 얼마나 많은 논쟁이 하나의 단락으로 축약될 수 있었을까."
> - 아리스토텔레스(Aristotle, BC 384-322)

11

연속
Progressions

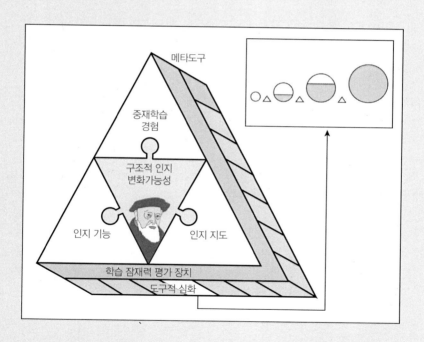

이 장에서 알아볼 사고스킬은 연속(Progressions)이다. 연속은 사건과 사건 간의 관계를 지배하는 규칙을 찾는 것이다. 이러한 규칙들은 새로운 사건을 예상하는 데 적용될 수 있다. 즉, 연속은 어떤 사건이 연속으로 반복되도록 하는 관계성을 밝혀내는 데 초점을 맞춘다. 예를 들어, 번개가 치면 천둥이 온다는 규칙을 유도해 내는 것이나, 이와 비슷하게 이 규칙으로부터 번개를 보면 잠시 후 천둥소리가 들릴 것이란 사건의 발생을 예측하는 것이 이에 해당한다.

연속에 관련된 사고스킬은 포이에르스타인(1980)의 도구적 심화(IE) 프로그램의 수열 도구에서 배울 수 있다. 이 도구를 나타내는 포이에르스타인의 상징은 원과 삼각형의 연속이다. 이 특별한 연속을 결정하는 규칙은 원이 삼각형 다음에 나온다는 것, 삼각형은 그대로 유지되는 반면, 원은 크기와 색깔이 변한다는 것이다. 사람들은 이러한 규칙을 바탕으로 이 연속이 어떻게 계속 진행될지 예측할 수 있다.

연속—무엇을, 왜, 언제 그리고 어디서

만약에 신호등이 현재 빨간색이라면, 어떤 색으로 바뀌는 것인가?
옷소매에 주름진 패턴이 생기도록 뜨개질할 때, 안뜨기 줄 다음에 나오는 것은 무엇인가?
만약 온도가 섭씨 0° 아래로 내려가면, 물은 어떻게 변하는가?

이러한 종류의 질문에 대답할 수 있는 능력은 연속을 정확하게 이해하고 있는가에 달려있다. 이것은 사건들을 지배하는 법칙과 규칙이 존재하고, 과거에 관한 지식을 바탕으로 미래를 예측할 수 있음을 의미한다. 이는 사건의 주기적인 연속성을 파악하는 것으로 연속에 관해 이해하고 있으면 사건들이 우연에 의해 발생하는 것으로 여겨지던 불안감이나 불확실성을 극복할 수 있다. 이 기술은 어떻게 두 사건 간의 근본적인 관계를 탐색함으로써 우연의 일치를 결정해 낼 수 있는지를 보여 준다. 어떤 규칙은 매우 견고하고 불변적이라 사건의 결과가 항상 일어난다(예: 밤이 지나면 낮이 온다). 그러나 어떤 규칙은 상대적으로 덜 견고하여 사건의 결과가 대체적으로 발생하거나(예: 취중 운전 중 과속하여 발생하는 사고), 아마도 발생하거나(예: 구름이 어둡게 드리우면 비가 온다) 또는 가끔씩만 발생한다(예: 복권 내기로 돈을 따는 것).

연속 사고스킬은 무엇인가

연속이란 차례로 발생하는 안정되고 재발생하는 사건으로, 규칙이나 공식에 의해 지배된다. 이것은 어떤 특정한 규칙에 따라 스스로 반복되는 패턴에 연결될 수 있다. 규칙이나 법칙이 무엇인지 결정되면 그것을 바탕으로 새로운 사건을 예측할 수 있다. 숫자로 된 양식을 가지고 있는 연속의 한 예로 수열이 있다. 예를 들어, 3, 6, 9, 12는 3의 배수라는 규칙에 따라 되풀이되는 숫자들의 묶음이다. 연속은 모든 양식과 내용에서 일어날 수 있다(예: 특정한 음악 리듬과 박자, 왈츠 등의 춤 스텝, 시의 운율이나 후렴구, 수학적·과학적 공식의 적용, 조각보 세공의 누비이불에 있는 패턴 등).

연속 사고스킬은 왜 중요할까

연속 기법을 가르치는 데에는 여러 가지 이유가 있다. 이는 우연한 사건(예측 불가능한 사건)과 인과관계가 있는 사건(과거 사건들로부터 얻어 낸 법칙이나 가설들로 예상 가능한 사건)을 구분하는 것을 포함한다. 여러 가지 유형의 연속에 관해 이해한다면 1년 4계절과 같은 순환적 진행이나 책이 단원, 절, 부절로 구성되는 것과 같은 선형 진행의 관계성에 관해 보다 깊게 이해할 수 있게 된다. 연속을 이해하는 것은 소비하는 것보다 많은 칼로리를 섭취하면 살이 찐다는 것(상향식 인과관계)이나 돈을 버는 것보다 더 많이 쓰면 파산으로 이어진다는 것(하향식 인과관계)과 같이 우리가 상향식 인과관계와 하향식 인과관계를 인식하는 데 도움을 준다. 마지막으로, 유한한 연속(예: 나방의 일생 등)과 무한한 연속(예: 진화의 패턴 등)을 구분할 수 있는 것은 관계들이 서로에게 어떻게 속해 있는지를 볼 수 있게 해 준다.

연속 사고스킬은 언제 그리고 어디서 이용될까

연역 연속과 귀납 연속이 필요한 많은 맥락과 상황이 있다. 예를 들어, 귀납은 행동의 반복되는 패턴을 지배하고 있는 규칙[예: 시나 드라마에서 약강 5보격(역자 주: 영시는 운율의 단위를 음보(foot)라고 해서 한 시행에 들어있는 음보의 수가 몇 개인가에 따라서 1보격, 2보격, 3보격으로 나누어진다. 약, 강의 음의 리듬을 주면서 5번을 나눈다 해서 약강 5보격이다)이 다섯 박자를 포함하고 있는 것 등]을 발견하고자 할 때 필요하다. 연역은 연속의 규칙에 기반해 미래에 무슨 일이 일어날지 예측할 때(예: 행성의 인구가 기하급수적으로 늘어나는 것을 계산할 때) 필요하다.

> ## ○ 인지 수수께끼-연속
>
> 과거의 사건들과 그 결과로부터 결정된 법칙들이나 규칙들을 따르는 것이
> 우리가 미래를 예상하고 상황을 처리하는 데 유연하지 못하게 되는 원인이
> 된다고 생각하는가?('표범은 자신의 점들을 바꾸지 못한다.') 당신은 어떻게
> 생각하는가?

연속을 공식적 학습환경에 연결하기

다양한 공식적 학습경험이 연속을 중재하는 데 사용될 수 있다.

인문학

• 다양한 종류의 시의 압운, 길이, 리듬을 확인하고, 이러한 규
  칙들을 이용해 시를 창작하라.

• 영화, 연극 그리고 다른 형태의 이야기 구연 장르들에 활용되
  고 있는 주제들을 관찰하라(예: 권선징악, 해피엔딩 등).

사회과학

• 어떻게 세계적인 사건들이 과거 사건을 토대로 미래의 결과
  를 예측하는지 분석하고 보이라(예: 아프리카에서 에이즈의 확
  산, 테러의 확산에서의 슬리퍼 셀 조직의 활용 등).

- 어떻게 반복되는 사건들의 축적에 의한 효과를 예측할 수 있는지 그 사례들을 살펴보라(예: 소량의 방사선이나 석면에의 노출은 암으로 이어질 수 있다는 것).
- 사건들이 같은 순서, 같은 법칙에 따라 일어나는 순환을 하고 있다는 것을 생각하라(예: 달의 모습, 1년 12개월, 조류 변화, 하루 시간 등).

과학

- 연속이 자연에서 어떻게 발생하는지 보이라(예: 물의 순환, 혈액 순환, 바이오리듬, 번식 등).
- 동물의 자연적인 리듬과 정글의 '법칙'에 대해서 토론하라(예: 철새들의 이동, 물고기들이 알을 낳는 것, 짝짓기 주기, 적자생존의 원칙 등).
- 물리 법칙의 적용이 자연의 연속을 야기한 사례들을 제시하라(예: 온도의 변화에 따른 빠른 변화는 고체, 액체, 기체의 순서로 이루어진다는 것).
- 수학에서의 등비수열과 등차수열을 조사하고, 그들이 어떻게 도식적으로 표현되는지 조사하라(예: 증가, 감소, 선 그래프 등).

예술

- 섬유에 반복되는 패턴을 디자인하고 프린트하라. 새로운 패턴을 만들기 위해 반복해서 덮어씌우라.
- 원근법을 이용해 깊이의 환각을 어떻게 만드는지 설명하라.
- 악곡을 하나로 묶어 주는 근본적인 비트를 알기 위해 음악과

노래의 지속적인 리듬에 대해서 공부하라.

기술

- 연속에 대한 지속적인 모니터링이 필요함을 설명하라. 생산
  라인의 한 부분에서 발생하는 오류가 생산 과정 전체에 엄청
  난 악영향을 줄 수 있다.
- 유리할 수도, 불리할 수도 있는 결과를 예측하는 데 사용되는
  소프트웨어를 디자인하고 테스트하는 설정 알고리즘을 구성하
  라(예: 바다에서 태풍의 움직임, 지구를 향해 날아오는 혜성 등).

연속을 비공식적 학습환경에 연결하기

일반

- 과정을 묶어서 시간표로 구성하는 것이 어떻게 통합되어 학
  생들이 날마다 어디로 가야 할지를 알고 어떤 책을 챙겨야 하
  는지 알게 되는가를 설명하라.
- 기술과 지식의 습득이 어떻게 한 단계 혹은 영역에서 다른 단계
  혹은 영역으로 발전하기 위한 전제 조건이 되는지를 보이라.
- 청각 기억 게임을 하라(예: "나는 가게에 가서 ~를 샀고, ……."
  를 각 학생들이 반복하면서, 한 가지 물품을 추가해 나가는 게임).

건강과 자기 계발

- 과거, 현재, 미래를 성찰하여 개인의 발달에서 한결같은 것,

리듬 및 연속 내성을 격려하라(예: '사랑은 내 삶에 있어서 불변하는 것이었고, 슬픔은 행복과 자신감으로 발전했어.').

- 정서적 · 감정적 영역에서 강력한 도구로서 '자신의 운명의 주인'이 된다는 생각을 토론하라. 학생들은 우주의 법칙과 그것이 개인의 선택에 어떻게 영향을 미치는지 이해할 수 있게 됨으로써 동기를 부여받을 수 있다.

가정

- 특정 리듬에 기반한 일련의 박수와 스텝이 어떻게 움직임과 음악 게임이 될 수 있는지를 보이라(예: 일어섰다가 쪼그려 앉고, 다리를 교차시키고, 다시 일어선 뒤에, 쪼그려 앉고, 다리를 교차시키고……).
- 특정 디자인을 만들기 위해 특정 바느질 방식을 반복하여 스웨터를 디자인하고 뜨개질하라(예: 골은 한 땀의 안뜨기와 한 땀의 겉뜨기를 반복하는 것, 스타킹 짜기는 한 줄 안뜨기와 한 줄 겉뜨기하는 것).
- 집에서 타일이나 모자이크를 깔거나 디자인하면서 패턴의 규칙을 증명하라.
- 집에서 일과를 짜기 위한 규칙을 설정하라(예: 일어나서, 이불을 개고, 아침을 먹고, 샤워하고, 잡다한 일 하기).

상담

- 미래의 문제를 해결하려는 목적으로, 사건들의 인과관계를 알기 위해 사건들의 관련성을 살펴보는 것에 대한 필요성을 입증

하라(예: 가족 불화를 만드는 사건의 순서와 패턴은 무엇이었나).

연속의 적용—문화적 불변성과 계속성

연속의 연구에 포함된 스킬들은 공동체 장면에 적용될 수 있다. 예를 들면, 서로 다른 문화적·민족적 집단에 속한 어린이나 어른들이 그들의 전통과 관습, 법률, 의식을 공동체의 다른 사람들과 나누는 상황을 생각해 보라.

법률, 리듬, 순환 그리고 반복되는 현상은 각각의 문화에서 매우 큰 가치를 지닌다. 그것들은 관습의 전승과 보존에 매우 결정적인 역할을 한다. 사회에서, 특정한 공동체를 지배하는 의식이나 관습, 풍

습, 법률의 자연적 발전과 다양성을 인정하는 것은 매우 중요하다 (예: 추수감사절마다 가족들이 모이는 것, 매주 일요일에 교회를 가는 것, 매주 금요일 밤에 샤바트 식사를 하는 것). 정신적 철학과 종교에 기반한 동·서 문화의 연간 순환을 비교하라. 육체적·정신적 노력을 위한 동양적인 삶의 방식에서의 리듬에 대한 중요성을 고려하라(예: 요가, 가라데, 명상에서의 만트라). 우리는 이러한 의식들이 어떻게 안정성과 통제 그리고 문화적 계속성을 이끌 수 있는지를 그리고 어떤 문화든지 그것들이 존중되어야 함을 젊은이들에게 전할 필요가 있다.

연속 중재에서 포이에르스타인의 이론

포이에르스타인(1980)의 이론은 사고스킬의 발달에 영향을 미치는 세 영역에 집중한다. 이 세 영역은 중재자가 진행하는 상호작용 형태인 중재학습경험(MLE), 학습자의 사고스킬인 인지 기능, 학습 과제에 대한 분석인 인지 지도이다. 이러한 세 영역은 중재자, 학습자, 학습 과제 사이의 상호작용을 분석하는 기법들을 제공한다. 그것들은 연속에 관한 사고스킬을 중재할 때 사용할 유용한 틀을 제공한다. 이는 다음 윤년을 예측하는 사례를 사용하여 설명할 수 있다.

중재학습경험

포이에르스타인(1980) 중재학습경험의 12가지 기준(부록 A 참조)은 중재자에게 연속 스킬을 중재하는 데 도움이 되는 기법을 제공한다. 다음 윤년을 예측하는 과정의 경우, 중재자는 우선 윤년의 진행에 대해 성립하는 법칙(4년마다 나타나고, 100년마다 제외하고, 400년마다 제외하지 않는다)을 정확히 유도하는 것이 중요하다는 것을 전달한 뒤, 그 법칙을 이용하여 다음의 윤년이 정확히 언제인지를 추측과 시행착오 등을 거치지 않고 추론해야 할 것이다(자기 규제와 행동 통제 중재). 그다음 중재자는 법칙들이 정확히 유도되어야 하는 경우와 그 법칙을 기반으로 연속적인 사건들을 예측할 수 있는 경우에 대한 여러 사례를 제공할 수 있다(초월 중재).

인지 기능

입력, 정교화, 출력 단계의 인지 기능 목록(부록 B 참조)은 연속이 정확히 파악되고 예측되는 것을 확실하게 하는 데 필요한 구체적 스킬을 얻는 데 도움이 되는 틀을 제공한다. 용어들과 사건의 발생 순서에 대해 명확한 이해를 갖는 것은 자료를 수집하는 데 필수적이다(입력 단계에서 수용적 언어 도구의 정밀함과 정확성 및 일시적 개념). 귀납과 연역의 기술이 그런 것처럼(정교화 단계에서 추리적·가설적 사고 및 가설 검증), 다음 사건을 예측하고 이에 대해 정당성을 부여하는 능력이 필요하다(정교화 단계에서 가상적 관계 예측 및 논리적 근거 제공). 마지막으로, 응답에서의 충동성이나 시행착오 반응들은 피해야 한다(정밀하고 정확한 데이터 출력).

인지 지도

인지 지도는 학습 과제를 분석하고 조작하여 학습자에게 그것이 의미 있고 유용한 수준으로 전달되도록 보장할 수 있다(부록 C 참조). 이 예시에서, 숫자와 관련된 진행이 계산되어야 하므로(내용)

4년을 더하는 기술(수치 양식)과 윤년의 법칙을 예시에 적용하는 스킬이 필요하다(감소하는 단계의 추상성, 참신성 및 복잡성).

이처럼 중재학습경험, 인지 기능, 인지 지도의 기법은 윤년을 계산함으로써 진행의 스킬들을 중재하는 데 사용될 수 있다.

인지교육에 대한 국제적 연구 들여다보기

수열은 포이에르스타인(1980)의 도구적 심화(IE) 프로그램에 사용된 열한 번째 도구이다. IE 프로그램을 구성하는 도구로는 14가지가 있으며, 이는 국제적으로 다양한 맥락에서 구현되었다. 이 요약문은 남아프리카공화국에서 빈곤하지만 재능이 있는 청소년들에게 IE를 사용하여 수행한 연구를 설명한다.

스쿠이, 멘티스, 응케와 아노트(Skuy, Mentis, Nkwe, & Arnott, 1990)는 남아프리카공화국의 소웨토(Soweto) 영재 프로그램에서 불우한 청소년들의 인지적 · 사회정서적 기능을 향상시키는 데 IE가 효과가 있는지를 연구하였다. 그들은 2년에 걸쳐 120명의 7학년, 8학년 학생들을 대상으로 실험 연구를 진행하였다. 이 프로그램은 사회정치적으로 불리한 배경에서 자란 흑인 영재 아이들을 위해 준비되었다. 이들은 토요일 오전마다 추가적인 교육을 받았다. 영재 프로그램의 정규 교육과정을 따른 학생들은 통제집단을 이루었고, 이에 대응되는 학생들로 구성된 표본집단이 두 개의 실험집단에 배치되었다. 하나의 실험집단은 IE와 그것의 원칙들을 교육과정으로 연결한 것 간에 가능한 시간을 나누었고, 다른 하나는 추가적으로 창의성 향상과 사회정서적 발달의 요소를 IE 프로그램에 통합시켰다. 그 결과, 모든 IE 실험집단에서는 통제집단에 비해 현저한 향상이 관찰되었다. 더 나아가, 교육과정으로의 체계적 연결, 사회정서적 요인 및 창의성을 명시적으로 다루는 것은 지도교사가 제공하는 매개학습경험의 질과 교사-학생 상호작용의 측면에서 IE를 구현하는 효과를 개선시켰다.

"나는 오늘 무슨 일이 일어나고, 내일 무엇을 해야 할지
알고 싶을 때마다 지난날을 되돌아본다."
  – 올리버 웬델 홈스 주니어(Oliver Wendell Holmes Jr.)

12

전이 관계
Transitive Relations

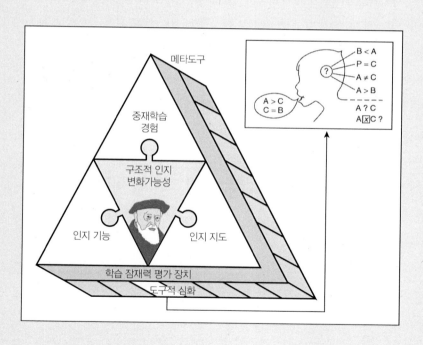

이 장에서 알아볼 사고스킬은 전이 관계(Transitive Relations)이다. 이 스킬은 두 개의 항목에서 얻은 정보를 세 번째 것에 적용시키는 인지 작용을 다룬다. 전이는 한 개의 의미에서 다른 의미로 이동하는 성질이다. 전이 관계에서, 우리는 중간 기간까지 연합된 두 개의 전제에서 결론으로 이동한다. 예를 들어, 빌이 로브보다 키가 크고 로브가 피터보다 크다면, 빌은 피터보다 크다.

전이와 관련된 사고스킬은 포이에르스타인(1980)의 도구적 심화(IE) 프로그램의 전이 관계 도구에서 배울 수 있다. 이 도구를 나타내는 포이에르스타인의 상징은 기호로 된 문제를 해결하는 사람이다. 이 사람은 정보를 받아들이고(B는 A보다 작고, B는 C와 같고, A는 C와 같지 않고 그리고 A는 B보다 크다) 문제에 대해 충분히 생각한다(A와 C는 어떤 관계일까). 그리고 정보를 전환시켜 해결책을 표현한다(A는 C보다 크고 C는 B와 같다).

전이 관계—무엇을, 왜, 언제 그리고 어디서

> 만약 마크가 지나보다 빨리 달리고, 지나가 샘보다 빨리 달린다면, 샘은 경주에서 마크를 이길 수 있을까? 만약 제인이 메리보다 두 살 많고, 메리가 열 살인 수보다 세 살 어리다면 제인은 몇 살일까? 만약 차 A가 차 B보다 비싸고, 차 B와 차 C의 가격이 같다면 우리는 차 A의 가격을 알 수 있는가?

이러한 종류의 질문에 대답할 수 있는지는 전이 관계의 문제를 해결할 수 있는지에 달려 있다. 이것은 두 개의 전제들로부터 얻은 정보를 전환시킴으로써 결론을 찾아내는 것을 의미한다. 세 번째 문장에 대한 결론에 다다르기 위해서는(마크는 샘보다 빠르다) 두 문장에서 모두 공통된 항목이 활용되어야 한다(지나는 마크보다 느리지만 샘보다 빠르다). 전이 관계에서 우리는 항목들 간에 요소를 다른 관계로 전환하는 관계를 찾는다.

전이 관계에 관련된 사고스킬은 무엇인가

전이 관계는 관계의 전이를 의미한다. 만약 두 개의 문장에 대한 정보가 주어졌다면 공통된 항목 간의 관계를 전환시킴으로써 세 번째 문장에 대한 결론을 추측할 수 있다. 예를 들어, 만약 우리가 A와 B의 관계와 B와 C의 관계를 알고 있다면 우리는 A와 C에 대한 결론에 도달하기 위해 정보를 전환시킬 수 있다. 전이 관계의 도구는 다음과 같은 기호들을 사용한다.

〉(~보다 크다)

〈 (~보다 작다)

= (~와 같다)

≠ (~와 같지 않다)

x (알 수 없다)

? (충분한 정보가 없어서 알 수 없다)

한 항목의 속성이 다른 항목의 똑같은 속성보다 큰지, 작은지, 같은지 또는 같지 않은지를 출력해 냄으로써 그 속성에 따라 그 물품들을 연속선상에 놓을 수 있다. 물품들을 연속선상에 놓는다는 것은 관계가 결정되는 것이다. 그 뒤에 물품들은 순서가 매겨질 수 있다. 그 예로는, 집중력의 상대적인 강도, 상대적인 집값, 다른 통화들의 상대적인 가치 등이 있다.

전이 관계 사고스킬은 왜 중요할까

전이 관계를 결정하고, 항목들의 순위를 매기는 스킬을 가르치는 데에는 많은 이유가 존재한다. 다른 관계에서 얻은 정보들을 이용하여 추론하고 결론을 이끌어 내는 것도 이유에 포함된다. 예를 들어, 만약 마크가 시몬보다 더 나은 테니스 선수로 여겨지고 시몬이 폴보다 괜찮다면 우리는 마크와 폴의 테니스 시합 결과를 추측하거나 결론지을 수 있다. 전이 관계는 문장들의 타당성을 시험하기 위해서도 사용될 수 있는데, 그래서 비논리적 결론으로 비약하는 것을 막을 수 있다. 예를 들어, 만약 샐리와 수의 어머니가 같지 않은데 수와 메리의 어머니는 같다면 샐리와 메리를 자매라고 부르는 것은 타당하지 않다. 전이 관계를 통해 기호를 사용하여 문제를 풀어 나감으로써 우리는 구체적 사실을 추상적 사고로 이어 나갈 수 있다 ($>$, $<$, =, $\neq$, x, ?).

전이 관계 사고스킬은 언제 그리고 어디서 이용될까

전이 관계는 수없이 많은 맥락과 상황에서 활용된다. 예를 들어, 순위를 매기는 행동은 항목들 간의 관계를 간결하게 묘사한 결과이다(예: 항목의 순위를 매긴다는 것은 점수, 가치, 가격에 따라 순위를 매기는 것). 전이 관계 방정식을 풀면 내가 가진 정보가 충분한지, 아니면 추가적으로 정보가 더 필요한지에 대해서도 알 수 있다(예:

만약 우리에게 어떤 브랜드의 가치가 그와 다른 브랜드보다 더 높다는
사실이 주어진다 하더라도 우리는 그들과는 또 다른 세 번째 브랜드에
대해서는 충분한 정보가 없기에 결론을 내릴 수 없다).

○ 인지 수수께끼-전이 관계

관계를 따지거나 비교하거나 순위를 매기는 것이 부정적인 영향을 끼칠 수
도 있는가?
예를 들어, 최고부터 최하까지 순위를 매기는 상대평가 방식은 하위권의
학생들에게 부정적인 영향을 주고 그들의 기회를 제한한다. 이 예시를 포
함한 여러 상황 속에서, 중요하지만 연관성이 없다는 이유로 개인의 평가
에 반영되지 않은 기준들을 우리가 간과할 위험성이 존재하는가? 당신은
어떻게 생각하는가?

전이 관계를 공식적 학습환경에 연결하기

다양한 공식적 학습경험이 전이 관계를 중재하는 데 사용될 수
있다.

인문학

• 비교급 형용사들의 쓰임과 표현을 검토하라(예: 좋은, 더 좋은,
  가장 좋은).
• (연속된 단어들을 사용하면서) 사물의 특징 혹은 감정의 범위를
  묘사하기 위해 어휘력을 발달시키라(예: 즐거운, 행복한, 흥분

한, 고양된 등).

사회과학

- 주요 기준에 맞게 국가들을 분석하고 순위를 매기라(예: 경제적 위상, 생산성, 정치적 영향력 등). 연결되는 것과 중복되는 것을 찾으라.
- 다양한 관점에 대해 논의하고 이들을 극단적인 견해부터 중도적인 견해까지 분류함으로써 정치인에 대한 견해와 태도의 현실적인 이해를 향상시키라.
- 시간에 따른 기온 변화 등과 같은 지리적 현상들에 대한 지표를 확인하고 어떤 구역이 다른 구역들보다 더 더운지, 어떤 구역이 가뭄으로 인해 고통받고 있는지, 어떤 구역이 강우량이 많은지 등에 대해 확인하라.

과학

- 관계라는 관점에서 주기율표 원소들의 순위를 논의하라. 예를 들어, 수소가 산소보다 밀도가 낮고, 산소가 헬륨보다 밀도가 작다면 수소와 헬륨 중 어떤 것이 밀도가 더 낮은가?
- 관계를 묘사하기 위해 ⟩, ⟨ , = 기호를 이용하라(예: 원소들의 크거나 작은 양을 설명하거나 원소 간의 관계를 결정하기 위해서).
- 스도쿠를 풀 때 행과 열과 격자 안의 여러 숫자들을 비교한 뒤 숫자들 간의 관계를 정립함으로써 스도쿠를 어떻게 풀 수 있는지를 보이라.

예술

- 등급을 매기기 위해 색 차트를 이용하고, 특정 색조 안에서 색들의 영역(예: 붉은 계열)에 대해 토론하라.
- 목소리와 음정의 관점에서 성악가들의 목소리에 순위를 매기면서 합창단에서 성악가들이 어떻게 선택되는지를 보이라(알토, 테너, 소프라노 등). 그들 사이의 음악적 관계는 무엇인가?

기술

- 건축가들이 수많은 구조(예: 낮은 보도로 연결된 두 타워, 공간을 확장하기 위해 아치를 사용하는 것)를 늘어놓고 비교하는 것을 통해 건축 디자인의 균형을 어떻게 맞추는지 증명하라.
- 새 상품과 발명품들을 사용의 용이성, 에너지 절약, 가격, 사후 관리 등의 주요한 기준에 따라 등급을 매김으로써 평가하라.

전이 관계를 비공식적 학습환경에 연결시키기

일반

- 언어, 문자, 형식, 내용 등의 비교를 통해 읽는 책을 난이도 순으로 순서를 매기라.
- 테니스 토너먼트 경기에서 선수들을 능력에 맞는 대진표를 짜라.
- 반 단체 사진 촬영을 위해 반 학생들을 키 순서에 맞게 배열하라.

건강과 자기 계발

- 양과 중요도에 따라 자료들을 나눈 뒤 공부 시간표를 작성함으로써 시험 스트레스를 줄이도록 도우라.
- 난이도에 따라 스킬의 등급을 정하고, 각 단계를 통달하는 활동을 통해서 스포츠 실력이 어떻게 성장하는지 논증하라(예: 다른 높이의 다이빙대에서 다이빙하기, 다른 등급의 스키 경로를 선택하기 등).

가정

- 자녀들이 나이에 따라 자신들의 순위를 매기게 하여 가정 내의 불화를 해결하라. 나이가 더 많은 자녀가 다른 혜택을 받는 이유를 설명하라(예: 제니퍼, 폴, 메리 순으로 나이가 많으므로 제니퍼는 폴과 메리보다 늦게 잠자리에 든다).
- 아이들에게 문제를 해결하기 위해서는 모든 연관된 정보가 필요함을 설명하라. 예를 들어, 수지는 도브보다 키가 작다. 앤젤로의 키는 3피트이다. 도브의 키는 얼마나 클까? 추가적인 정보 없이 이 문제를 해결할 수 있는가?
- 음식물에 함유된 성분표기 표를 참조해 지방이나 당 함유량에 따라 음식물들의 순위를 매기라.
- 파티 혹은 디스코를 위해 음악에 우선순위를 매기라(예: 디스코 음악을 우선으로 한다).
- 집안일을 완수되어야 할 빈도와 중요도 순으로 등급을 정하라.

지역사회

- 지역사회 이슈를 긴급한 해결을 요하는 것으로 순서를 정하는 것의 중요성을 논의하라. 이것은 미래지역사회 프로젝트를 구상할 때 결과적으로 도움이 될 수 있다.
- '대안들의 경중'을 묘사하기 위해 순위 매기기를 사용하라. 이 방식은 사업과 지역사회의 문제를 해결하기 위한 전략을 세울 때 유용할 뿐만 아니라 상당한 시간과 비용 역시 아낄 수 있다.

다문화

- 여러 문화에 기원을 두고 있는 평등, 불평등, 순위 매기기의 개념을 중재하라. 이 개념들은 하나의 문화 내에서뿐만 아니라 특정 주류 혹은 지배적인 문화권 안에서 조화와 갈등의 기반을 이루는 경우가 많다.
- 문화 집단들을 다음과 같이 평등하거나 불평등하거나, 더하거나 덜한 것으로 인식되는 객체들을 통해 비교하라. 즉, 남성/여성, 젊은이/노인, 일부다처제/일부일처제, 정부법/종교법, 공공교육/종교교육 등이다.

전이 관계의 적용—세계적 탐욕

　전이 관계의 연구에서 포함된 스킬은 지역사회의 장면에 적용될 수 있다. 예를 들면, 펄프 공장 설립을 위해 삼림 벌채권을 획득하고자 하는 거대한 다국적 기업의 협상 결과를 고려하라.

　경제적 탐욕은 삼림 파괴로 이어지고, 삼림 파괴는 생태계 파괴를 가속화한다. 그러므로 경제적 탐욕이 종의 멸종을 유발하는 것이다. 더 나아가, 지구온난화의 주범인 온실가스 발생량이 증가할수록 심화된 지구온난화로 인해 기후 변화가 심해진다. 따라서 온실가스 배출량은 기후 변화와 연관되어 있다. 기업가들이 사업의

확장을 추진하려 할 때(예: 새로운 펄프 공장 설립, 새로운 작물 재배, 새 농장 설립, 해저에서 석유나 가스 추출, 새로운 금광 채굴, 우라늄 추출 등) 지역사회는 이러한 연관 관계들을 고려해야 한다. 한 요소가 어떻게 다른 요소에 대한 영향으로 이어질 수 있는지 이해한다면 지역사회는 사업 확장에 더 엄격한 기준을 적용하고 충분히 고려한 뒤 계획을 세울 것이다. 그것이 행동해야 하는 지역사회의 의무이며, 이것은 세계적 탐욕을 모니터하고 환경을 보호하는 것이다.

전이 관계 중재에서 포이에르스타인의 이론

포이에르스타인(1980)의 이론은 사고스킬의 발달에 영향을 미치는 세 영역에 집중한다. 이 세 영역은 중재자가 주도하는 상호작용 형태인 중재학습경험(MLE), 학습자의 사고스킬인 인지 기능, 학습 과제에 대한 분석인 인지 지도이다. 이러한 세 영역은 중재자, 학습자, 학습 과제 사이의 상호작용을 분석하는 기법들을 제공한다. 그것들은 전이 관계를 위한 사고스킬을 중재할 때 사용할 좋은 유용한 틀을 제공한다. 이것은 학생들을 나이에 따라 순서를 정하는 사례를 사용하여 설명할 수 있다.

중재학습경험

포이에르스타인(1980) 중재학습경험의 12가지 기준(부록 A 참조)은 중재자에게 전이 관계 스킬을 중재하는 데 도움이 되는 기법을 제공한다. 학생들을 나이에 따라 순서를 정하는 이 예시에서 중재자는 다른 사람들과 비교해 보았을 때 모든 개개인에게 존재하는 독창성과 차이들을 인지하는 것의 중요성을 보여 줄 수 있다(개별화 중재). 중재자는 이 과제에 참여하는 이유에 대한 설명을 제공할 수 있고(연령별 판독 자료 일치를 위해 순위 연령이 중요한 이유) 일상생활에서의 다른 사례들에 순위를 매기는 근본적인 개념들을 연결할 수 있다(의미와 초월성 중재).

인지 기능

입력, 정교화, 출력 단계의 인지 기능 목록(부록 B 참조)은 학생 순위를 매기는 활동이 정확한지 확인하는 데 필요한 특정 기술을 목표로 하는 틀을 제공하며, 나이 든, 어린 같은 나이의 개념을 보는 과정에 대한 통찰력을 제공한다. 예를 들어, 각 개인 구성원들의 나이는 기록되어야 한다(입력 단계에서 정보 출처에 대해 한 번 이상 고민하는 능력과 명확한 조사). 그 후 이 나이들은 기억에 남아야 하며 다른 구성원들의 나이와 비교되어야 한다(정교화 단계에서 자발적인 비교 행동과 넓고 큰 사고의 장). 마지막으로, 그 반응은 명확히 표현되고 정확해야만 한다(출력 단계에서 참여적이고 노력을 기울인 반응들과 적절한 표현 언어 도구들).

인지 지도

인지 지도는 학습 과제를 분석하고 조작하여 학습자에게 그것이 의미 있고 유용한 수준으로 전달되도록 보장할 수 있다(부록 C 참조). 이 예시에서, 과제는 나이에 따른 순위 정하기를 요구하는데(내용), 이것은 연수를 비교하는 것(수치 양식)과 연속선상을 따라 나이를 나열하는 능력을 포함한다. 이 능력들은 연습을 통해 더 수월해질 것이다(감소하는 단계의 추상성, 참신성 및 복잡성).

이처럼 중재학습경험, 인지 기능, 인지 지도의 기법은 나이에 따라 순위를 정하는 사례를 통해 전이 관계의 스킬을 중재하는 데 사용될 수 있다.

인지교육에 대한 국제적 연구 들여다보기

전이 관계는 포이에르스타인(1980)의 도구적 심화(IE) 프로그램에 사용된 열두 번째 도구이다. IE 프로그램을 구성하는 도구로는 14가지가 있으며, 이는 국제적으로 다양한 맥락에서 구현되었다. 이 요약문은 이스라엘에서 에티오피아 이민자들에게 IE를 사용하여 수행한 연구를 설명한다.

다수의 연구들은 이스라엘로 온 에티오피아 이민자들에게 IE를 사용하는 것의 가치를 보여 주고 있다. 예를 들면, 코줄린과 루리에(Kozulin & Lurie, 1994)는 에티오피아에서 온 새로운 이민자 선생들의 집단을 연구하였다. 연구에 참여했던 사람들은 재교육과 이스라엘에서 교사로서의 면허 갱신을 위한 일환으로 16개월이 넘는 기간 동안 352시간의 집중적인 IE의 개입을 받았다. 그들의 인지 기능은 초기에 기대했던 것보다 더 많이 낮게 나왔다. 연구자들은 그 원인을 이민자들이 노출되었던 교육제도로 인해 이들이 특정한 것에 집중하고, 좁은 기술을 가지고 있으며, 새로운 문제해결 과제에 대한 준비가 덜 되어 있었다는 점에서 찾았다. 구획설계(block design), 라벤(Raven)의 매트릭스와 같이 비언어적 추론을 수행하는 능력을 통해 측정된 참여자들의 인지적 수행능력에 있어 IE는 대단히 의미 있는 개선을 이끌어 냈다. 또 다른 연구(Kozulin, Kaufman, & Lurie, 1997)에 의하면, 에티오피아에서 온 700명의 새 이민 아동들은 여름 일일 캠프의 프로그램 중 하나로 IE를 받았다. 동시에, 그들의 선생님과 상담자는 아동과의 상호작용에 있어 개입을 받았다. 결과는 표준화된 시험에서 아이들의 성적이 양적인 면과 질적인 면 모두에서 향상되었다.

"만일 자유를 찾는 사람에게 누군가 폭력적이게 행동한다면,
그것은 나쁜 것이다. 그러나 자유를 찾는 사람이
그것을 얻기 위해 폭력을 사용한다면, 그것은 좋은 것이다."

– 미켈란젤로 안토니오니(Michelangelo Antonioni)

13

삼단논법
Syllogisms

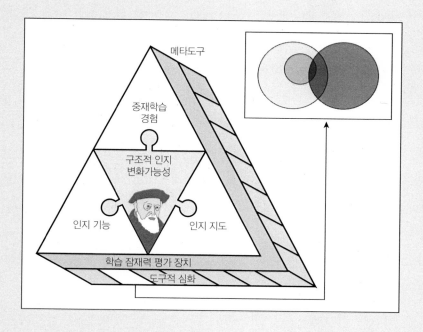

이 장에서 알아볼 사고스킬은 삼단논법(Syllogisms)이다. 이것은 삼단논법의 추론에 관련 있는 인지 작용에 집중한다. 삼단논법의 추론에서는 공통된 중간 조건을 가진 두 가지 특정한 전제로부터 결론이라 불리는 세 번째 전제를 추론해 낸다. 예를 들어, '모든 사람이 죽는다. 소크라테스는 사람이다. 그러므로 소크라테스는 죽을 것이다.'

집합과 포함관계를 이해하는 삼단논법적 추론과 관련된 사고스킬은 포이에르스타인(1980)의 도구적 심화(IE) 프로그램의 삼단논법 도구에서 배울 수 있다. 이 도구를 나타내는 포이에르스타인의 상징은 집합을 대표하는 서로 중복되는 원들의 모음이다. 어떤 요소들은 하나 이상의 집합에 속해 있는데 그것들은 부분집합과 교집합들로 표시된다. 이 도구는 집합과 집합의 원소들(예: 바나나는 과일 집합의 원소이다) 그리고 삼단논법적 추론(syllogistic reasoning)이라는 집합 원소 분석의 결과로부터 나오는 추론의 영역을 다룬다(예: 만약 모든 과일을 먹을 수 있고, 바나나는 과일 집합의 원소이다. 그러므로 바나나는 먹을 수 있다).

삼단논법—무엇을, 왜, 언제 그리고 어디서

만약 영화의 나이 제한이 21세 이상이면 10세인 아동이 그것을 관람할 수 있는가?
'모든 회계사들은 내성적이다.'라는 진술은 참인가? 그리고 논리적인 진술인가?

이러한 종류의 질문에 대답할 수 있는 능력은 집합과 부분집합 그리고 삼단논법으로 추론하는 것을 이해하는 능력에 달려 있다. 나이 제한 질문에 답변하는 것은 상호 배타적인 것을 이해하는 것과 관련이 있다. 그 영화는 21세 이상인 사람들을 위한 것이다. 만약 당신이 21세보다 젊은 사람들의 집합에 속해 있다면, 당신은 21세 이상인 사람의 집합을 좌우하는 규칙으로부터 제외된다. 일반화에 관한 두 번째 질문에 답하는 것은 집합과 부분집합을 찾는 과정을 포함한다. 내성적인 사람은 전체 회계사 집합의 부분집합에 대한 묘사이고, 내성적이지 않은 회계사들도 있기 때문에, 내성적이라는 특성은 전체집합을 묘사하는 데에 사용될 수 없다.

삼단논법에 관련된 사고스킬은 무엇인가

삼단논법은 집합과 집합의 구성 원소들 간의 관계를 분석하는 것에 기반을 둔 추론 형식이다. 다음은 삼단논법에 근거하여 집합과 집합의 원소들을 분석하는 기초 원칙 다섯 가지이다.

1. 집합의 구성원들을 확인한다(예: 샐리, 메리, 수는 모두 '여성'인 A 집합의 구성원들이다).

2. 상호 배타적인 집합을 확인한다. A 집합의 구성원이 아니면 B 집합의 구성원이다(예: A 집합은 '여성'의 집합이고 B 집합은 '남성'의 집합이면 여성이면서 남성인 사람은 없으므로 공통 원소는 없다).

3. 공통 부분을 확인한다. A 집합의 모든 구성원들이 B 집합의 구성원이고, B 집합의 모든 구성원들이 A 집합의 구성원이다

(예: '여성(females)' 집합인 집합 A는 '여자(girls)' 집합인 B 집합과 같은 구성원들을 가지고 있다. 모든 여성(females)은 여자(girls)이고, 모든 여자(girls)는 여성(females)이다).

4. 전체집합과 부분집합을 확인한다. 모든 B 집합의 원소는 A 집합의 원소이지만 A 집합의 어떤 원소만 B 집합의 원소이다(예: '엄마'의 집합인 집합 B는 전체 '여성'의 집합 A의 부분집합이지만 모든 여성이 엄마는 아니다).

5. 교집합을 확인한다. A 집합의 어떤 원소들은 B 집합의 원소이고 어떤 B 집합의 원소들은 A 집합의 원소이다(예: '여성' 집합인 집합 A와 '선생님' 집합인 집합 B는 어떤 여성들은 선생님이고, 어떤 선생님은 여성인 교집합을 가진다).

따라서 삼단논법 추론은 집합, 부분집합, 교집합, 전체집합, 상호 배타적인 집합 그리고 동일한 집합의 원소들 간의 관계를 이해하는 것에서부터 비롯된다(예: 샐리가 선생님이고 몇몇 선생님이 엄마이면 샐리가 엄마일까?).

삼단논법에 관련된 사고스킬은 왜 중요한가

삼단논법적 추론은 매일 일상에서 일어나는 일들 사이의 관계에 대해 만들어지는 진술들을 이해하고 비판적으로 해석하기 위하여, 또 잘못된 진술에 근거한 틀린 결론을 찾아내기 위하여 매우 중요하다. 예를 들어, '모든 사람은 적대적이고, 아담은 사람이므로 아담은 적대적이다.'라는 삼단논법은 첫 번째 전제가 잘못된 일반화이므로 논리적으로 타당하나 틀린 명제이다. 따라서 두 개의 연관된 추정은 논리적으로 타당한 결론을 가져오지만 모두 참이지는 않다. 존 로크(John Locke, 1841)가 조언했듯이, 삼단논법은 진실을 사랑하는 사람들에게도 필요하고, 종종 화려하고 재치있거나 관련된 담론에 숨겨져 있는 오류를 보여 주기 위해 그들에게도 필요한 것으로 여겨진다.

삼단논법 사고스킬은 언제 그리고 어디서 이용될까

삼단논법이 필요한 다양한 맥락과 상황이 있다. 집, 학교 그리고 공동체에서 규칙과 법을 해석할 때를 예로 들 수 있다. 예를 들면, 만약 특정한 날에 당신이 학교 교복을 입어야 하는지를 알고 싶을 때 당신은 답을 결정하기 위하여 삼단논법 추론을 사용할 수 있다. '평일에는 교복 착용이 의무이다. 오늘은 평일이다. 그러므로 나는 학교 교복을 입어야 한다.' 삼단논법 추론은, 예를 들어 미국의 세 넛(Senate Bill)이 말한 "배설에 관한 모든 공적인 행동들은 금지된다."와 같이 법률상에서의 오류 또한 보여 준다. 삼단논법 추론에 따르면, 땀을 흘리는 것이 배설 활동이면 땀 흘리는 것은 공적으로 허용되지 않는다는 것이다! 이러한 오류는 '배설'이라는 집합의 원소를 과포함시켰을 때 일어난다. 그 집합은 너무 광범위하게 정의되어서 땀 흘리는 것을 포함하였고, 땀 배출은 배설 활동이지만 분명히 공적 행동의 금지 사항으로 포함되지는 않는다. 또 다른 예시로 다음과 같은 광고가 있는데, 이렇게 쓰여 있다. '정말 좋은 집은 찾기 힘들다. Oaks Homes는 찾기 힘들다.' 그러면 삼단논법의 추론에 따르면 이것이 암시하는 바는 Oaks Homes는 정말 좋은 집이라는 것이다!

○ **인지 수수께끼-삼단논법**

잘못된 전제를 만드는 것은 혼란, 인종적 편견, 고정관념 등을 불러일으킬 수 있다. 세심한 모니터링 없이 아이들이 전제 집합을 만들어 내도록 하는 것은 불완전한 서술과 비논리적인 결말을 낳도록 이끄는 것이 아닐까? 아이들이 사실에 대한 단 하나의 진술에 애쓰는 것이 더 신중한 처사이며, 혼란을 적게 유발하는 것이지 않을까? 어떻게 생각하는가?

삼단논법을 공식적 학습환경에 연결하기

다양한 공식적 학습경험이 삼단논법을 중재하는 데 사용될 수 있다.

인문학
• 문학이 쓰인 방식이나 시기에 따라 상호 배타적인 집합의 관점에서 문학을 분석하라. 집합을 만들기 위해서는 전제를 사용하라.
• 다양한 형태의 문학과 철학에 사용된 언어의 논리성과 전제들을 평가하라.

사회과학
• 주어진 상황 묘사를 삼단논법적으로 분석함으로써 정치적이거나 논설적인 만화에 담긴 유머와 모순을 확인하라.

- 유물들을 역사적 기간에 따라 상호 배타적인 집합으로 분리
  하여 배열하라(예: 석기시대, 고대 그리스, 중세 암흑기).
- 시민권이라는 전체 집합 내의 다양한 부분집합을 탐구하라
  (미국 시민들을 출신에 따라 독일계, 네덜란드계, 중국계, 멕시코
  계 등으로 분류할 수 있다).

과학

- 잡식동물들이 어떻게 초식동물과 육식동물의 교집합을 이루
  는지 설명하라. 다양한 동물들의 배치를 검증하기 위해 전제
  들과 삼단논법적인 사고를 사용하라.
- 수학적 표현들을 가르치기 위해 벤다이어그램을 활용하라(예:
  전체집합, 교집합, 공집합, 부분집합).
- 집합들을 식별하기 위해 다른 사례들을 만들라(예: 모든 짝수
  와 2로 나누어지는 모든 수는 동일한 집합이다). 이를 검증하기
  위해 삼단논법을 사용하라(예: 모든 짝수는 2로 나누어지고, 8은
  짝수이다. 그러므로 8은 2로 나누어진다).

예술

- 오케스트라가 일제히 합주되는 다양한 악기들의 많은 부분집
  합으로 어떻게 구성되어 있는지를 설명하라. 특정한 집합에 속
  해 있는 악기들을 밝히라(예: 타악기, 관악기, 금관악기, 현악기).
- 스텝, 스타일, 음악의 종류 등에서의 중첩되는 부분들을 인식
  함으로써 서로 다른 형태의 춤들을 분류하라(예: 현대무용은
  재즈와 다른 무용 형태의 결합이다).

기술

- 컴퓨터, 기계, 로봇 작동을 위한 소프트웨어 알고리즘 작성에서의 논리적 전제들의 집합이 필요함을 입증하라.
- 기술의 평가에 있어 삼단논법적 사고의 활용에 대해 논의하라(예: 이 분자는 초속 500m까지 가속화될 수 있다. 음속장벽은 대략 초속 330m 정도에서 깨진다. 그러므로 이 분자는 음속장벽을 깬다).

삼단논법을 비공식적 학습환경에 연결하기

일반

- 사고스킬은 모든 학문에 공통적으로 적용되므로 인지가 모든 주제의 교집합으로서 어떻게 해석될 수 있는지에 대해 보이라.
- 흔한 교외 활동과 드문 교외 활동에서의 수업 참여도를 분석하기 위해 벤다이어그램을 그리라.
- 유효하지 않은 결론과 유효한 결론의 중요성을 설명하기 위해 창의적인 방식으로 비논리적 언어 추론의 원칙을 활용하라(예: 모든 원숭이들은 털이 많다. 나의 아버지는 털이 많다. 그러므로 내 아버지는 원숭이다).

건강과 자기 계발

- 학생들의 직업 선택을 돕기 위해 삼단논법에서 겹치는 집합들의 이론을 이용하라(예: 서로 다른 직업들이 어떤 공통적인 요소들, 이를테면 수학적 능력을 가지고 있는 비슷한 직업들이 서로 다른 기술들을 요구할 수도 있음을 보이라).
- 부분집합의 성질을 전체집합의 것으로 잘못 생각하는 선입견, 과잉일반화, 고정관념(예: 모든 키 작은 사람들은 열등감을 가지고 있고, 모든 아이들은 버릇이 없다)의 형성을 극복하는 데 있어서 형식적 명제 논리의 중요성을 입증하라.

가정

- 집안일을 분담할 때 고정관념을 버리라(예: 설거지와 세차는 오로지 남자 혹은 여자가 해야 하는 일이 되어서는 안 된다).
- 비논리적 삼단논법에 대해 이야기하라(예: 모든 단것은 먹기 좋다. 이것은 단것이다. 그러므로 내가 그것을 먹게 놔두라).
- 집합 원소의 규칙들을 적용하여 '혼자만 다른 것'을 찾으라 (예: 망치는 부엌에 있는 은제품에 속하지 않는다).
- 가족 오락을 위한 공통의 관심사를 찾기 위해 교집합을 활용하라.
- 어린아이에게 성(姓, the family name)은 교집합 안의 공통 원소이나, 그들은 이름(first name)으로 그들의 고유한 정체성을 유지한다는 것을 설명하라(즉, 이름은 한 가족 내에서 배타적 집합이다).

상담

- 다른 집합의 구성원이 되는 것과 관련된 감정을 평가하라. 학생들의 사회정서적 측면을 발달시키는 것이 중요하다.
- 많은 사회적 그룹에 공통으로 존재하거나 하나의 특정한 그룹에만 존재할 수 있다고 여겨지는 독특한 감정들을 분석하도록 독려하라[예: 감성적인 선율을 특정으로 하는 음악 장르(emos)는 감성적 욕구와 그것의 표현에 집중한다].

다문화

- 여러 문화가 공유하는 특정한 법률, 관습, 의례의 관점에서 문화를 바라보는 동시에 그들의 상호 배타성에 대해 알아보라. 예를 들어, 죽음 후에 영혼이 한층 높은 수준으로 나아간다는 동양 문화권의 공통된 믿음을 생각해 보거나 서로 다른 문화권에 존재하는 다양한 성인식, 종교적 혹은 그 밖의 것을 생각해 보라.

삼단논법의 적용—잘못된 삼단논법

삼단논법의 연구에 포함된 스킬들은 학업 장면에 적용될 수 있다. 예를 들면, 어린이 또는 어른으로 구성된 모둠에서 비논리적인 결론이 얼마나 위험한 것인지 설명하기 위해 잘못된 삼단논법을 이용하는 것을 생각해 볼 수 있을 것이다.

삼단논법은 논리적 진술을 형식화할 수 있는 방법으로 사용될

수 있다. 이때 전제와 추론에서 발생할 수 있는 잘못된 논리에 주
의해야 한다(예: 치매는 병이다. 치매는 노인에게 영향을 미친다. 그러
므로 나이가 들면 치매에 걸릴 것이다). 이러한 형태의 추론은 잘못될
수 있고 편견, 선입견, 일반화 그리고 잘못된 추론의 다른 형태를
낳을 수 있고, 의사결정과 문제해결에 부정적인 영향을 줄 수 있
다. 학생들에게 잘못된 삼단논법을 활용하게 함으로써 이러한 논
리적 오류를 중재할 수 있다(예: 물고기는 물에서 수영한다. 물고기는
산소가 필요하다. 우리는 물속에서 수영한다. 우리는 산소가 필요하다.
그러므로 우리는 물고기다).

삼단논법 중재에서 포이에르스타인의 이론

포이에르스타인(1980)의 이론은 사고스킬의 발달에 영향을 미치는 세 영역에 집중한다. 이 세 영역은 중재자가 주도하는 상호작용 형태인 중재학습경험(MLE), 학습자의 사고스킬인 인지 기능, 학습 과제에 대한 분석인 인지 지도이다. 이러한 세 영역은 중재자, 학습자, 학습 과제 사이의 상호작용을 분석하는 기법들을 제공한다. 그것들은 삼단 논법의 사고스킬을 중재할 때 사용할 유용한 틀을 제공한다. 이것은 유명인이 보증한 제품의 광고에 유혹 당하지 않는 사례를 사용하여 설명할 수 있다.

중재학습경험

포이에르스타인(1980) 중재학습경험의 12가지 기준(부록 A 참조)은 중재자에게 삼단논법 스킬을 중재하는 데 도움이 되는 기법을 제공한다. 연예인이 출연하는 광고에 매혹되지 않는다는 예시에서, 중재자는 삼단논법을 통해 광고의 의도에 집중하고 제품과 연예인을 동일시하는 것이 비논리적이고 비합리적이라는 것을 증명할 수 있다(의미 중재). 다양한 광고를 분석하면 제품과 활동을 지나치게 포괄적으로 일반화하는 것과 그 둘을 관련 짓는 현상을 발견할 수 있을 것이다(초월 중재).

인지 기능

입력, 정교화, 출력 단계의 인지 기능 목록(부록 B 참조)은 삼단논법에 관련된 기술을 얻는 데 도움이 되는 틀을 제공한다. 예를 들면, 유명한 사람이 선전하는 광고에 매혹되지 않기 위해서는 사람과 제품 사이의 연결고리를 만들어야 하고(입력 단계에서 하나 이상의 정보원의 출처를 고려할 수 있는 능력), 제품을 사는 것이 자동적으로 그 유명한 사람과 동일한 부분집합에 속하게 될 것이라는 논리적 오류를 찾아야 한다(정교화 단계에서 추론적 가상 사고). 그 결과, 사람들은 충동구매를 자제할 것이고 세상을 한 입장에서만 바라보지 않을 것이다(출력 단계에서 성숙한 의사소통 능력).

인지 지도

인지 지도는 학습 과제를 분석하고 조작하여 학습자에게 그것이 의미 있고 유용한 수준으로 전달되도록 보장할 수 있다(부록 C 참조). 이 사례에서, 과제는 집합 멤버십(내용)을 통해 삼단논법 추론을 필요로 한다. 이것은 집합과 부분집합의 벤다이어그램을 그리는 것(수식적 양식)과 제품을 사용하는 집합에 속하는 것이 자동으로 유명 인사 집합에 속하지 않는다(높은 수준의 추상성, 참신성 및 복잡성)는 다이어그램으로부터 추상적으로 추론하는 것을 포함한다.

이처럼 중재학습경험, 인지 기능, 인지 지도의 기법은 광고를 읽는 이 사례를 통해 삼단논법 스킬을 중재하는 데 사용될 수 있다.

인지교육에 대한 국제적 연구 들여다보기

삼단논법은 포이에르스타인의 도구적 심화(IE) 프로그램에 사용되는 열세 번째 도구이다. IE 프로그램을 구성하는 도구로는 14가지가 있으며, 이는 국제적으로 다양한 맥락에서 구현되었다. 이 요약문은 다양한 문화적 배경을 가진 어린이들에게 IE를 사용하여 수행한 연구를 설명한다.

스쿠이와 연구자들(Skuy et al., 1995)은 남아프리카공화국의 한 광산 마을에서 각각 다른 문화를 가진 아이들을 대상으로 IE의 영향을 비교하는 실험을 진행했다. 연구에서는 초등학생들을 대상으로 IE의 효율성을 평가했는데, 이는 중재학습경험 트레이닝과 IE의 개념을 서로 연결시키고 IE 개념들을 내재하고 있는 패키지를 그들의 선생님이 제공받게 한 상태에서 진행되었다. 5학년 아프리카인, 혼혈인, 백인 영어 사용자, 아프리칸스어 사용자들에 대한 효율성 측정은 광산 마을의 각각 분리된 학교에서 진행되었다. 모든 대상자는 그들의 선생님들이 그러한 것들을 제공받게 된 후 진행된 인식 측정에서 큰 향상을 보였는데, 학업, 창의력, 자아개념의 척도에서는 결과가 다양하게 나타났다. 아프리카인들은 다른 대상자들보다 더 두드러진 결과가 나타났다. 이는 남아프리카공화국의 인종차별 정책으로 인해 박탈된 교육으로 나타난 현상으로서 예상된 결과였다. 교사들에게 IE를 기반으로 한 인지 작용을 탑재한 읽기 자료를 제공함으로써 연구자들은 IE의 접근방식과 중개 학습이 같은 선상에서 존재하게 하는 교수법으로 교사들을 인도할 수 있었다. 이러한 자극이 되는 자료들은 이 책에 나와 있는 연결적 예시들과 비슷했을 뿐만 아니라 그것들의 확장 형태이기도 했다.

"모든 인간은 죽는다. 그리고 어떠한 신도 죽지 않는다.
그러므로 그 어떤 인간도 신이 아니다."

– 아리스토텔레스(Aristotle, BC 384-322)

14

스캐폴딩
Scaffolding

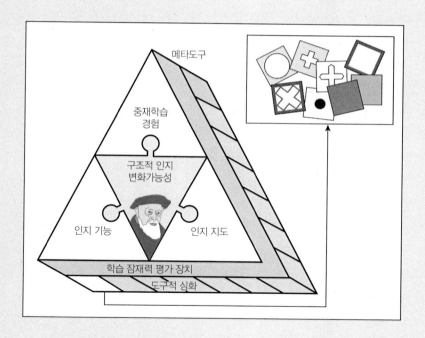

이 장에서 알아볼 사고스킬은 스캐폴딩(Scaffolding)이다. 이는 결과물을 보면서 사건이나 결과를 정신적으로 재구조화하는 데 필요한 인지 작업에 집중한다. 이것은 과제에서 사용된 인지 스킬을 평가하는 메타인지의 단계에 참여하는 것이다. 예를 들어, 과제로부터 받은 형성적인 피드백에 대해서 성찰하는 것과 더 나은 결과를 위해서 필요한 교정을 하는 데 이 피드백을 적용하는 것이다.

스캐폴딩에 관련된 사고스킬은 표상적인 스텐실 디자인 도구에서 가르쳐진다. 이 도구를 나타내는 포이에르스타인(1980)의 상징은 일정한 순서로 서로의 위에 쌓였을 때, 규정된 디자인을 만드는 데 사용될 수 있는 여러 모양과 색의 템플릿이라고 할 수 있다.

스캐폴딩—무엇을, 왜, 언제 그리고 어디서

> 이 케이크를 만드는 데 왜 실패했지? 내 열쇠를 어디에 두었지?
> 미스테리 살인 사건의 범인은 누구이고 살인은 어떻게 진행된 것일까?

이러한 질문들에 대답할 수 있는 능력은 이용 가능한 증거를 통해 사건들을 일어난 시간 순서대로 재구조화하는 능력과 사용 가능한 증거들에 반대된 가설을 시험하는 것에 달려 있다. 어떤 사람은 열쇠를 어디에 두고 왔는지를 알아내기 위해 자신의 발자취를 생각해 보거나, 어떤 조리과정의 단계에서 실수가 있었는지를 찾기 위해 케이크를 굽는 과정을 처음부터 다시 생각해 보아야만 한다. 미스터리 살인 사건을 해결한다는 것은 사용 가능한 증거와 반대되는 다른 가설들을 검증하는 것이다. 새로운 증거가 중요한 역할을 하면서, 이는 기존의 정보에 대한 우리의 생각을 변화시킨다. 스캐폴딩은 특정 결과를 출력하는 데 있어 어떤 활동이나 사건들이 영향을 주었는지, 특정 결과를 만들어 내기 위해 어떤 순서를 따랐는지를 정신적으로 되돌아보는 과정을 의미한다. 이 과정은 사건에 숨겨져 있는 의미를 찾는 것과 특정한 행동에 기반을 둔 동기를 찾는 것을 필요로 한다. 예를 들어, 학생들의 '말썽 피우기'나 '방해가 되는' 행동은 인지 기능장애를 숨기거나, 그들의 요구나 불행을 바람직하지 않은 경로로 표현하는 경로가 될 수 있다. 이 가설을 시험하기 위해서는 단계를 풀고 사용 가능한 단서를 볼 필요가 있다.

스캐폴딩에 관련된 사고스킬은 무엇일까

스캐폴딩 스킬은 지금까지 배웠던 인지 스킬의 복잡한 조합이다. 사건을 재구조화하고 결과에 대해 생각하기 위해서는 메타 인지가 필요한데, 메타인지란 생각에 대해 생각하는 것을 의미한다. 생각에 대해 생각하는 것은 서로 다른 인지 활동의 역할과 기능을 평가하고 인정하는 것이다. 다음의 13가지 인지 활동을 예로 들어 보자. 조직화는 사건에서 눈에 띄는 특성을 확인하고, 구조 안에서 어떻게 조화를 이루는지를 말한다. 비교는 관련된 기준에 따라 자극에 대한 공통점과 차이점을 확인하는 것이다. 범주화는 원칙에 따라 집단으로 분류하는 것이며, 공간에서의 상대적 방향은 관계 있는 대상에 따라 각자의 공간에서 위치를 파악하는 것이다. 공간에서의 기본 방향은 기준이 있는 나침반의 방향에 따라 공간에서의 방향을 가리키는 것이며, 분석과 종합은 부분을 전체로 재구조화하는 것이고, 문제해결은 특정 상황에서 불균형을 확인하는 것이다. 관계는 시스템 안의 연결들을 확인하는 것이며, 시간 개념은 사건의 순서대로 나열하는 것이고, 지시문은 규칙을 코딩하고 해독하는 것이다. 연속은 법칙에 따라서 사건의 순서를 강조하는 것이고, 전이 관계는 관계를 추론하기 위해 순위를 매기는 것이다. 삼단논법 추론은 집합과 집합의 구성원에 기반을 두고 추론하는 것이다. 이러한 13가지의 사고스킬은 사건이나 활동을 해체하거나 재구조화하여 스캐폴딩 안에서 서로 다른 경로로, 서로 다른 조합으로 사용된다.

스캐폴딩에 관련된 사고스킬은 왜 중요할까

스캐폴딩은 수많은 추론을 위한 중요한 사고스킬이다. 스캐폴딩은 우리의 감각이 착각에 의해서 속임을 당할 수 있다는 것과 '보이는 것을 모두 믿어서는 안 된다.'(예: 태양이 움직이는 것이 아니라 지구가 움직인다)는 것을 감식하는 데 필수적이다. 이것은 또한 우리가 보는 것과 우리가 아는 것을 구별하게 해 준다(예: 지구는 평평해 보이지만 우리가 지구에 대해 아는 모든 지식을 총동원해 보았을 때 지구는 둥글다). 마지막으로, 스캐폴딩은 우리가 사건들의 뒤에 숨겨져 있는 의미를 해결하고(예: 범죄를 해결하기 위한 살인 사건을 재구성하는 것) 숨겨진 의제(예: 광고)를 찾는 데 도움을 준다.

스캐폴딩 사고스킬은 언제 그리고 어디서 이용될까

높은 수준의 질서, 추상적인 생각과 추론의 단계로 움직이기 위해 과제에 대해 메타인지적으로 생각하는 것이 필수적인 상황과 맥락이 있다. 예를 들어, 집에서(예: 왜 풀장의 물이 초록색으로 바뀌게 되는지에 대한 통찰을 얻는 것), 학교에서(예: 교실에서 집단 역동으로 통찰력을 얻는 것), 공동체에서(예: 다른 사람들에게 재정지원을 하기 위해서 몇몇 서비스가 중단되는 것을 이해하는 것) 창의적이고 효율적으로 작용하는 것(예: 문제를 해결하는 것이나 과학적 추론을 찾는 것)들이 있다.

> **○ 인지 수수께끼-스캐폴딩**
>
> 구조들 속의 구조들, 단어 뒤 숨겨진 의미, 베일에 가려진 메시지, 숨겨진 개인의 문제 등에 대한 지속적인 탐색은 우리가 삶에 대해 냉소적으로 접근하게 만들까? '겉으로 보이는 것이 전부가 아니다'라고 할 때, 이는 정신적으로 건설적인가 아니면 파괴적인가? 당신은 어떻게 생각하는가?

스캐폴딩을 공식적 학습환경에 연결하기

다양한 공식적 학습경험이 스캐폴딩을 중재하는 데 사용될 수 있다.

인문학

- 시가 창작된 의도를 알아보고 단어의 숨겨진 의미를 인식하기 위해 시를 분석하라.
- emos(틀에 박혀서 어둡고 절망적인 감정을 표현하는 사람들), fluoros(틀에 박혀서 밝고, 형광색 옷을 입는 사람들) 그리고 Goths(틀에 박혀서, 예를 들면 지배적으로 검은 옷, 립스틱, 네일 폴리쉬와 같은 고딕 양식을 입는 사람들)와 같은 하위문화의 '용어'와 같이 알지 못하는 사이에 영향을 주는 미묘한 메시지를 전달하는 언어의 사용을 검토하라.

사회과학

- 역사적 관점과 미래에 대한 암시를 고려함으로써 사건의 이해를 촉진하라(예: 쿠데타로 가는 과정).
- 기상 조건과 그것이 인구, 농업, 경제에 미치는 영향을 예측하고 보고하기 위해 기상도를 해독하라.

과학

- 정신적으로 과학 실험, 물리학 문제, 수학적 계산과 같은 것들에서 잘못되고 있을 수도 있는 것들이 무엇인지 결정하는 단계들을 되돌아보라.
- 이상한 현상의 가능한 원인을 조사하라(예: '왜 고래들이 스스로 해변으로 쓸려 오는가?' '왜 누에는 회전하지 않는가?' '왜 테즈메이니아 악마는 종양으로 죽어 가는가?').

예술

- 도자기, 밀랍 염색, 그 외의 다른 예술 작품을 제작하는 데 쓰이는 순서와 과정을 설명하라.
- 곡에서 조화를 만들어 내기 위하여 중복적으로 사용된 다양한 구조들과 도구들을 파악하여 음악 감상을 가르치라.

기술

- 작동과 조립의 순서에 대한 특정한 문헌을 통해 제조 과정을 공부하라. 최종 결과물이 어떻게 생겼을지 마음속으로 생각하거나 그려 보라.
- 신경 전달 물질의 경로, 인간의 DNA와 유전자의 위치, 핵탄두의 조립, 신도시 계획과 같은 기술적 표현을 공부하라. 눈에 보이지 않는 것을 더 잘 이해하기 위해 상징적인 구조물들이 어떻게 우리들에게 도움이 되는지를 보라.

스캐폴딩을 비공식적 학습환경에 연결하기

일반

- 조직이나 학교 집단의 경영에서 변화를 용이하게 하는 계획을 세우라.
- 스트레스에 기여하는 환경 요인들을 고려하고, 그들을 최소화하기 위한 전략을 고안하라.

건강과 자기 계발

- 위험에 빠진 개인은 위험의 실마리를 찾고 가능한 결과를 예상함으로써 숨겨진 위험을 알아차리도록 인도되어야 한다. 이상적으로 말하자면, 위험한 상황(예: 우울한 아이가 마약과 미성년자의 음주가 있는 파티에 참여하는 것, 외로운 청소년이 낯선 사람과 인터넷으로 소통하는 것)을 피하라.

가정

- 보이지 않음에도 불구하고 존재하는 것이 있다는 것을 아이들에게 가르치라(예: 맨눈으로는 볼 수 없지만 충치를 만드는 유해한 미생물이나 세균에 대해 설명하라).
- 레고나 브리오 타워, 건물을 짓는 과정을 단계에 따라 묘사하라(예: 레고 같은 경우는 빨간 평평한 바닥 블록으로 시작하라).
- 어린아이들이 그들이 어떤 옷을 입을지 결정하고, 어떤 순서로 입을지 정리하는 것을 도와줌으로써 특별한 때에 옷 입는 것을 도우라.
- 가족들의 행동에는 일련의 환경이나 이유가 있다는 것을 아이들이 이해하도록 지도하라(예: "형은 화났어. 왜냐하면……").

지역사회

- 문제에 대한 통찰력을 얻기 위해 쓸모 있는 단서들을 찾는 것에 대한 중요성을 예시를 통해 설명하라(예: 도시의 마이크로파 송신탑 주변의 암 다발 지역).
- 지역사회에서 어떤 사건을 발생시키는 상황들의 순서를 규명

하기 위해 '회고' 또는 재현하기와 같은 방법을 사용하라(예: 광부 노조의 파업, 중심 업무 지구의 노숙자의 빠른 증가).
* 관념적인 재구조화의 개념을 범죄 해결, 실종자 수색, 기업 합병 원인 조사, 주식 시장에서의 급등 분석까지 확장하라.

다문화

* 중동의 사시(邪視, the evil eye), 극동의 체면을 차리는 것(saving face), 중국의 굽실거리는 것(kowtowing), 멕시코의 죽은 자들의 날(Day of the Dead), 서유럽의 기름진 화요일(Mardi Gras)과 같은 특정 문화의 표현, 전통, 풍습이 나타나는 것을 밝혀내기 위한 단서와 실마리들을 찾으라.
* 잘못 해석될 수 있는 '숨겨진 메시지'를 전달하는 서로 다른 문화에서의 태도들을 탐색하라. 서양인들에게 종종 오해받곤 하는 중동의 식사 이후 만족의 의미로 크게 트림을 하는 문화 또는 소통에 있어서 눈을 피하는 것이 눈을 마주치는 것이 중요하다고 여기는 서양의 문화에 반대되는 것임에 대해 고려하라.

스캐폴딩의 적용—프로젝트 계획하기

스캐폴딩 연구에 필요한 스킬들은 교실 장면에 적용될 수 있다. 예를 들어, 이 사진에 나타나 있는 화산 모형을 계획하고 만드는 것에 대한 프로젝트를 작업하고 있는 학생들의 모임을 보자.

　학생들은 그들이 만들고 문서화해야 할 전체적인 모형의 2차원적인 모습을 자주 접하게 된다. 전형적인 예는, 태양계, 화산, 중세마을, 환경 친화적 도시를 포함한다. 스캐폴딩에 내재된 사고스킬이 없이는 학생들은 맡은 일이 어렵다고 느낄 수 있고, 그 과정에서 대부분 부모의 도움을 받는다. 선생님으로서, 우리는 집단계획(예: 화산 모형을 설계하는 것)을 촉진시키기 위해 스캐폴딩을 사용할 수 있다. 예를 들어, 우리는 2차원적인 모습의 화산이 묘사하는 요소들을 분해하기 위해 해체 이론 과정을 사용할 수 있다. 숨겨져 있거나 함축적인 요소들을 고려하라. 구성 순서의 인지가 가장 중요한 3차원 모형의 정신적 순서로 이러한 요소들을 옮기라. 작업 과정을 머리로 구조화하는 과정에서, 학생들은 그들이 원하는 모형을 얻기 위해 자재들, 풀, 페인트, 화학물질, 돌, 식물들을 장착해야 할 순서를 상상할 필요가 있다.

스캐폴딩 중재에서 포이에르스타인의 이론

포이에르스타인(1980)의 이론은 사고스킬의 발달에 영향을 미치는 세 영역에 집중한다. 이 세 영역은 중재자가 주도하는 상호작용 형태인 중재학습경험(MLE), 학습자의 사고스킬인 인지 기능, 학습 과제에 대한 분석인 인지 지도이다. 이러한 세 영역은 중재자, 학습자, 학습 과제 사이의 상호작용을 분석하는 기법을 제공한다. 그것들은 스캐폴딩을 위한 사고스킬을 중재할 때 사용할 유용한 틀을 제공한다. 이것은 일상생활에서 왕따를 이해하는 사례를 사용하여 설명할 수 있다.

중재학습경험

포이에르스타인(1980) 중재학습경험의 12가지 기준(부록 A 참조)은 중재자에게 스캐폴딩 스킬을 중재하는 데 도움이 되는 기법을 제공한다. 집단 따돌림을 이해하는 예시에서, 중재자는 학습자에게 문제해결의 가능성이 있으며 회복적 정의 과정(restorative justice process)을 통해 가해자와 피해자 모두 긍정적인 대안을 찾는 것과 같은 새로운 상호작용을 할 수 있다는 믿음을 불어넣어 줄 수 있다. 중재자는 집단 괴롭힘의 이면에 있는 이유에 대해 어떻게 반성할지를 그들에게 보여 줄 수 있고, 다른 현실을 위한 기회가 있다는 것을 보여 줄 수 있다(자기변화 중재).

인지 기능

입력, 정교화, 출력 단계의 인지 기능 목록(부록 B 참조)은 왕따를 이해하고 해결하는 단계가 효과적이라는 것을 보장하는 데 필요한 구체적인 스킬을 목표로 삼을 수 있는 틀을 제공한다. 예를 들어, 한 상황에 대한 서로 다른 관점의 명료한 소통이 필요하다면(입력 단계에서 적어도 하나 이상의 정보원의 출처를 고려하는 능력) 상황은 조심스럽게 묘사되어야 하고, 감정과 행동 뒤의 배경이 탐색되고 맥락이 설명되어야 한다(문제의 정확한 정의, 정교화 단계에서 인지적 분류들의 적절한 정교화). 마지막으로, 자기중심적이거나 한쪽으로 편향된 상황에 대한 관점과 마찬가지로 감정 폭발과 방어 행동을 피하기 위한 관리가 필요하다(출력 단계에서 성숙하고, 참여적인 일처리 출력 반응).

인지 지도

인지 지도는 학습 과제를 분석하고 조작하여 학습자에게 그것이 의미 있고 유용한 수준으로 전달되도록 보장할 수 있다(부록 C 참조). 이 예시에서, 과제는 집단 따돌림을 극복하기 위해 회복적 정의 과정에서의 참여를 필요로 한다(내용). 이는 모든 관계자들이 상황에 대한 그들의 견해를 표현하고 다른 사람들의 이야기를 듣는 것(언어적 그리고 청각적 양식)을 포함하는데, 이것은 익숙하지 않을 경우(높은 수준의 추상성, 참신성 및 복잡성)에는 어려울 수 있다.

그래서 중재학습경험, 인지 기능 그리고 인지 지도의 기법은 회복적 정의 과정에서 참여의 사례를 통해 스캐폴딩 스킬을 중재하는 데 사용될 수 있다.

인지교육에 대한 국제적 연구 들여다보기

표상적인 스텐실 디자인은 포이에르스타인의 도구적 심화(IE) 프로그램 (1980)에 사용되는 열네 번째이자 마지막 도구이다. IE 프로그램을 구성하는 도구로는 14가지가 있으며, 이는 국제적으로 다양한 맥락에서 구현되었다. 이 요약문은 베네수엘라에서 IE를 사용하여 수행한 연구를 설명한다.

샤론(Sharron, 1987)은 베네수엘라에서 정부의 지원과 함께 시행된 인지교육에 있어서의 역사상 가장 대담한 프로젝트를 설명했다. 그는 프로젝트에서 특정한 사고기술 프로그램들의 포함을 강조했고, 그중 대표적인 것이 IE였다. 샤론이 이 프로젝트에서 얻어 낸 연구는 IE에 대한 교사들의 반응을 평가했다. 1987년 곤잘레스(Gonzalez)에 의해 시행되고 샤론에 의해 발표된 연구는 그중에서도 다음과 같은 결과들을 도출했다. 즉, 학생들에 대한 IE의 효과성을 평가하는 교사들의 태도는 매우 긍정적이었다. 예를 들어, 90%의 교사들이 IE가 학생들의 분석 능력을 향상시켰다고 생각했고, 63%가 학교 과제에 관해 학생들의 조직이 개선되었다고 대답했으며, 90%의 교사들이 학생들의 자아상이 개선되었다고 답했다. IE 교사들 대다수는 그들이 새로운 스킬과 기법들을 배웠다고 보고했다. 프로그램을 계속하기를 원하는지를 묻는 질문에 72.6%의 IE 교사들이 매우 그렇다고 대답했다.

"지각력의 한계 또한 지각의 한계라고 생각하는 것은 가장 흔한 실수 중 하나이다."

– 리드비터(C. W. Leadbeater)

중재학습경험의 12가지 기준

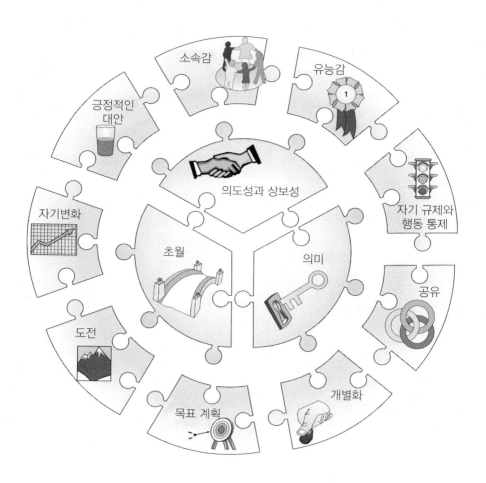

현재까지 포이에르스타인은 중재의 근본이 되는 상호작용의 12가지 기준 혹은 형태를 정형화했다. 그는 처음 3가지 기준은 중재로 고려되어야 할 상호작용을 위한 필요충분조건이라고 믿었다. 나머지 9가지 기준은 적절한 시기와 장소에서 서로 다른 시기에 기능할 수 있으며 서로 균형을 맞추고 강화할 수 있다. 중재는 역동적이고 개방적인 과정이고, 단 12개의 기준으로 엄격하게 적용되거나 고정되어서는 안 된다.

중재의 12가지 기준은 다음과 같다.

1. '의도성과 상보성'은 상호작용이다. 중재자는 공유하려는 의도를 가지고 있고 학습자는 받고 싶어 한다.

2. '의미'는 활동의 목표가 설명될 때 일어난다. 그것은 활동이 중요한 이유에 대한 학습자의 질문에 대답한다.

3. '초월'은 즉각적인 경험을 기본 원칙과 관련 활동 및 아이디어로 연결한다.

4. '유능감'은 학습자에게 성공할 수 있는 능력에 대한 긍정적인 믿음을 심어 주는 것을 의미한다.

5. '자기 규제와 행동 통제'는 '사고에 관한 사고'와 개인적인 반응을 적응시키는 것을 포함한다.

6. '공유'는 다른 사람들에게 감수성을 높이고 함께 일하는 것을 강조한다.

7. '개별화'는 독창성과 독립성에 대한 인정과 감사이다.

8. '목표 계획'은 학습자가 목표를 설정하고 계획하고 그리고 성취하기 위한 과정이다.

9. '참신성과 도전'은 새롭고 어려운 일에 직면했을 때의 흥분과 결단의 느낌이다.

10. '자기변화'는 일정 기간 동안 학습자 내에서 발생하는 지속적인 변화에 대한 인식, 수용 및 모니터링이다.

11. '긍정적인 대안 찾기'는 긍정적인 결과에 대한 욕망과 믿음이다.

12. '소속감'은 집단, 가족, 문화 또는 공동체의 일부가 되어야 할 필요성을 충족시키는 것이다.

부록 B
인지 기능과 기능장애

포이에르스타인은 입력, 정교화 그리고 출력이라는 정신활동의 세 가지 주요한 단계에 따라 인지 기능을 범주화했다. 비록 인위적으로 세 가지 단계로 분류되었지만, 그것들은 삶에서는 반드시 구별되어 일어나지 않는다. 그러나 세분화는 사고를 분류하고 묘사하는 것은 물론 사고에 부정적으로 영향을 줄 수 있는 요인이 무엇인지를 결정하는 데 유용하다. 이 모델은 교사들과 부모들이 특별한 일에 어려움을 겪는 아이를 더 잘 이해하고 돕는데 사용될 수 있다.

예를 들면, 만약 어떤 아이가 분류하는 일에 실패하면, 그 아이의 열등한 지능이나 분류하는 능력이 없다는 것으로 논평하는 것만으로는 충분하지 않다. 대신에 사고의 세 가지 단계 중의 하나에서 발견될 수 있는 어려움의 근본적인 원인을 찾아야 한다.

예를 들면, 분류를 못하는 것은 입력 단계에서의 부정확한 데이터 수집, 정교화 단계에서 항목을 비교할 수 없거나 출력 단계에서의 의사소통 기술의 부족과 같은 기본 기능 때문일 수 있다.

학생의 인지 기능을 상세하게 분석하기 위해서는 정신활동의 세 단계에 대한 심층적인 이해가 필요하다.

입력 단계: 정보를 수집하기(수신)

이 단계에서는 과제를 해결하기 위해서 정보나 자료가 수집된다. 예를 들면, 그것은 효율적이고 정확한 인식, 적절한 경청 기술, 언어 그리고 시간, 공간 및 양의 개념에 대한 확실한 이해뿐만 아니라 한번에 많은 정보 출처를 수집하고 조사하는 능력을 포함할 수 있다.

정교화 단계: 문제해결을 위해 노력하기(처리)

이 단계에서는 정보나 자료가 처리된다. 우리의 마음은 우리가 수집한 정보를 처리한다. 예를 들면, 그것은 과제 정의, 정보의 관련된 출처들을 비교하고 통합하기, 계획하기, 가설 세우기, 문제를 논리적으로 해결하기 등을 포함할 수 있다. 이것은 가장 중요한 핵심 단계이다.

출력 단계: 반응 소통하기(표현)

이 단계에서는 정보나 데이터가 소통되거나 표현된다.

문제에 대한 반응 또는 응답이 제공된다. 그것은 정확하고, 적절하며 효율적인 의사소통 기법들이다.

다음의 표는 이 세 단계의 인지 기능과 기능장애를 나타낸다.

표 B-1 인지 기능의 입력 단계

입력(Input)	
기능	**기능장애**
지각	
명확한	모호하고 포괄적인
학습 상황 탐구	
체계적	충동적인
수용적인 언어적 도구와 개념	
간결하고 정확한	손상된
공간 개념의 이해	
잘 발달된	손상된
시간 개념의 이해	
잘 발달된	결여 혹은 손상된
보존 능력	
잘 발달된	손상된
자료 수집하기	
간결하고 정확한	손상된
둘 이상의 정보 출처를 고려할 수 있는 능력	
잘 발달된	손상된

표 B-2 인지 기능의 정교화 단계

정교화(Elaboration)	
기능	기능장애
문제의 정의	
정확한	부정확한
적절한 단서들을 선택하기	
능력이 있는	능력이 없는
자발적인 비교 행동하기	
능력이 있는	능력이 없는
정신적인 분야	
넓고 광범위한	좁고 제한적인
자발적이고 종합적인 행동	
욕구가 있는	욕구가 손상된
가상 관계 계획하기	
능력이 있는	능력이 없는
논리적 증거	
욕구가 있는	욕구가 손상된
사건 내면화하기	
능력이 있는	능력이 없는
추론-가설 사고	
사용할 능력이 있는	사용할 능력이 없는
가설 검증을 위한 전략	
사용할 능력이 있는	사용할 능력이 없는
행동 계획하기	
욕구가 있는	결여된
인지적 범주화의 정교함	
충분한	손상된
현실 이해	
의미가 있는	단편적인

표 B-3 인지 기능의 출력 단계

출력(Output)	
기능	**기능장애**
의사소통 방식	
성숙한	자기중심적
출력 반응	
참여적인	방어하는
출력 반응	
주의깊게 다루는	시행착오의
표현적 언어 도구	
적절한	손상된
자료 출력	
정밀하고 정확한	손상된
시각적 전달	
정확한	손상된
행동	
적절한	충동적이거나 저지르는

부록 C
인지 지도

인지 지도는 인지 기능 장애를 명확히 하고 사고를 향상시키기 위한 교수 경험을 분석하고 조작하는 도구로 사용될 수 있다. 그것은 작업의 특정 측면에 초점을 맞추기 위해 압축을 풀 수 있는 분석의 네 가지 층으로 구성되어 있다. 각 층은 상호작용을 위한 분석과 기회의 다른 영역을 제공해서 그 결과 작업이 역동적인 교수, 학습 그리고 평가 도구가 된다. 이러한 네 가지 층은 다음에 집중한다.

- 과제의 내용 또는 주제
- 과제의 표현 방식 또는 언어
- 과제의 추상성, 참신성 및 복잡성 수준
- 과제에 필요한 인지 작용 또는 사고 기법

이름에서 알 수 있듯이, 인지 지도는 교사가 학습 상황을 탐색하여 인지 기능을 중재할 수 있는 지도를 제공한다.

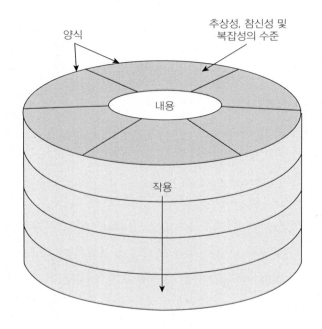

그림 C-1 인지 지도

참고문헌과 추천 도서

Ben-Hur. M. (2000, April). Feuerstein's instrumental enrichment: Better learning for better students. *New Horizons*. Retrieved January 2, 2009, from http://www.newhorizons.org/strategies/ie/hur.htm

Cooper, E. (2007). *Teaching for Intelligence*. Retrieved January 4, 2009, from http://www.nuatc.org/news/feuerstein.html

Feuerstein, R. (1979). *The dynamic assessment of retarded performers*. Baltimore: University Park Press.

Feuerstein, R. (1980). *Instrumental enrichment*. Baltimore: University Park Press.

Feuerstein, R. (1982). Learning to learn: MLE and IE. *Special Services in the Schools, 3*(1–2), 49–82.

Feuerstein, R. (1986). *L. P. A. D.: Learning potential assessment device manual*. Jerusalem: Hadassah–Wizo–Canada Research Institute.

Feuerstein, R., & Feuerstein, S. (1991). Mediated Learning Experience: A Theoretical Review. In R. Feuerstein, P. S. Klein, & A. J. Tannenbaum (Eds.), *Mediated learning experience(MLE): Theoretical, psychosocial and learning implications* (pp. 3–52). London: Freund.

Feuerstein, R., Feuerstein, R. S., Falik L., & Rand, Y. (2006). *Creating and enhancing cognitive modifiability: The Feuerstein instrumental enrichment program*. Jerusalem: ICELP.

Feuerstein, R., Hoffman, M., Jensen, M., Tzuriel, D., & Hoffman, D. (1986). Learning to learn: Mediated learning experiences and instrumental enrichment. *Special Services in the Schools, 3*, 48-82.

Feuerstein, R., & Jensen, M. (1980). Instrumental enrichment: Theoretical basis, goals and instruments. *Educational Forum, 44*(4), 401-423.

Feuerstein, R., Rand, Y., & Hoffman, M. B. (1979). *The dynamic assessment of retarded performers: The learning potential assessment device, theory, instruments, and techniques.* Baltimore: University Park Press.

Feuerstein, R., Rand, Y., Hoffman, M., & Miller, R. (1980). *Instrumental Enrichment: An intervention program for cognitive modifiability.* Baltimore: University Park Press.

Feuerstein, R., Rand, Y., & Rynders, J. (1988). *Don't accept me as I am: Helping "retarded" people to excel.* New York: Plenum Press.

Gouzman, R. (1997). Major problems of blind learners using tactile graphic materials and how to overcome them with the help of the Braille FIE program. In A. Kozulin (Ed.), *The ontogeny of cognitive modifiability* (pp. 89-130). Jerusalem: ICELP.

Hadas-Lidor, N. (2001). Effectiveness of dynamic cognitive intervention in rehabilitation of clients with schizophrenia. *Clinical Rehabilitation, 15,* 349-359.

Keane, K. J. (1983). Application of mediated learning theory to a deaf population: A study in cognitive modifiability. *Dissertation Abstracts International, 44*(1-4). New York: Columbia University.

Kozulin, A., Kaufman, R., & Lurie, L. (1997). Evaluation of the cognitive intervention with immigrant students from Ethiopia. In A. Kozulin (Ed.), *The ontogeny of cognitive modifiability* (pp. 89-130).

Jerusalem: ICELP.

Kozulin, A., & Lurie, L. (1994, July). *Psychological tools and mediated learning: Crosscultural aspects.* Paper presented at the 12th Congress of Cross-Cultural Psychology. Pamplona, Spain.

Locke, J. (1841). *An essay concerning human understanding.* UK: Oxford University Press. Retrieved January 13, 2009, from http://books.google.com/books?id=cjYIAAAAQAAJ&printsec=titlepage&source=gbs_summary_r&cad=0

Martin, D. (1993). Reasoning skills: A key to literacy for deaf learners. *American Annals of the Deaf, 138,* 82-86.

Mentis, M., Dunn-Bernstein, M., & Mentis, M. (2007). *Mediated learning: Teaching, tasks, and tools to unlock cognitive potential* (2nd ed.). Thousand Oaks, CA: Corwin.

Mulcahy, R., (1994). Cognitive Education Project. In M. Ben-Hur (Ed.), *On Feuerstein's instrumental enrichment: A collection* (pp. 129-144). Palatine, IL: IRI/Skylight.

Sanchez, P. (1991). A study of FIE as a tool for improving language proficiency. *Teaching Thinking and Problem Solving, 13,* 9-13.

Schnitzer, G., Andries, C., & Lebeer, J. (2007). Usefulness of cognitive intervention programs for socio emotional and behavioral difficulties. *Journal of Research in Special Educational Needs, 7,* 161-171.

Scottish Borders Councils School Project. (2005). *Life in the Borders: University of Strathclyde's evaluation of the Feuerstein pilot.* Retrieved January 2, 2009, from http://www.scotborders.gov.uk/life/educationandlearning/schools/20342.html

Sharron, H. (1987). *Changing children's minds: Feuerstein's revolution in the teaching of intelligence.* London: Souvenir Press.

Skuy, M., Apter, A., & Dembo, Y. (1992). Cognitive modifiability of adolescents with schizophrenia. *The Journal of Child Psychology & Psychiatry, 33,* 583–590.

Skuy, M., Lomofsky, L., Green, L., & Fridjhon, P. (1993). Effectiveness of Instrumental Enrichment for pre–service teachers in a disadvantaged South African community. *International Journal of Cognitive Education and Mediated Learning, 2,* 92–108.

Skuy, M. S., Mentis, M., Durbach, F., Cockcroft, K., Fridjhon, P., & Mentis, M. (1995). Crosscultural comparison of effects of instrumental enrichment on children in a South African mining town. *School Psychology International, 16,* 263–279.

Skuy, M., Mentis, M., Nkwe, I., & Arnott, A. (1990). Combining instrumental enrichment and creativity/socioemotional development for disadvantaged gifted adolescents in Soweto: Part 2. *International Journal of Cognitive Education and Mediated Learning, 1,* 93–102.

Thickpenny, J. P. (1982). *Teaching thinking skills to deaf adolescents.* Unpublished master's thesis, University of Auckland, New Zealand.

Tyger, F. (n.d.). *Creative quotations.* Retrieved January 13, 2009, from http://creativequotations.com/one/2452.htm

Webster's Revised Unabridged Dictionary. (n.d.). Retrieved January 11, 2009, from http://dictionary.reference.com/browse/synthesis

Williams, J. R., & Kopp, W. L. (1994). Implementation of instrumental enrichment & cognitive modifiability in the Taunton public schools: A model for systemic implementation in U.S. schools. In M. Ben–Hur (Ed.), *On Feuerstein's Instrumental Enrichment: A collection* (pp. 261–272). Palatine, IL: IRI/Skylight.

For further references regarding literature and resources in Feuerstein's Instrumental Enrichment, go to http://www.icelp.org (2008)

저자 소개

Mandia Mentis는 뉴질랜드 매시 대학교(Massey University)의 교육심리학자이자 특수교육 및 교육심리 프로그램의 수석 임원이다. 그녀는 포이에르스타인의 도구적 심화(Feuerstein Instrumental Enrichment: FIE) 및 학습 잠재력 평가 장치(Learning Potential Assessment Device: LPAD)의 공인 트레이너로서 포이에르스타인 교수의 지도하에 이스라엘의 국제 학습 향상 센터(International Centre for Learning Enhancement)에서 교육을 받았다. 그녀는 지난 30년 동안 남아프리카공화국의 리서치 센터 및 뉴질랜드의 학습 향상을 위한 호주 연구소(Australasian Institute for Learning Enhancement)와의 FIE 워크숍, 프로젝트 및 출판물 연구에 광범위하게 기여했으며, 중재학습 및 IE에 관한 두 권의 책을 공동 저술하고 출판하였다. 그녀는 초·중등학교 및 대학에서 학생들을 가르쳤으며 특수교육 및 통합교육 환경에서 교육심리학자로 일했다. 그녀의 교육 및 연구 관심 분야는 인지평가, 다양성 교육 및 이러닝이다. 그녀의 박사학위 연구는 특수교육 및 교육심리학 교수 프로그램에서 온라인 실습 공동체의 개발이었다.

Marilyn Dunn-Bernstein은 다양한 유형의 교육환경에서 40년 가까이 교육 경험을 쌓은 탁월한 교육자이다. 그녀는 교육학 박사학위와 심리학 석사학위, 인간 행동 학사학위를 취득하였다. 연구와 실무 배경을 모두 지닌 그녀는 포이에르스타인의 지도하에 공부했으며 광범위한 교육환경에서 구조적 인지 변화가능성, 도구적 심화(IE) 및 중재학습경험(MLE)의 원칙을 구현했다. 여기에는 비트바테르스란트 대학교(University of the Witwatersrand)의 인지 연구팀과 함께한 10년간의 연구, 강연, 출판 및 남아프리카의 빈곤한 사람들을 위한 영재 프로그램의 16년 동안의 연구가 포함된다. 호주에서 심리학자로서 자폐증, 다운증후군, 아스퍼거증후군 및 영재의 인지적·정서적·창조적 발달을 향상시키는 연구를 하고 있다. 또한 심리학 및 사회과학을 전공하는 학생들과 함께 일하고 있으며, 상담학회의 외부 심사관이자, 호주, 뉴질랜드 및 남아프리카공화국에서 포이에르스타인 워크숍을 운영하는 팀원이다.

Marténe Mentis는 뉴질랜드 오클랜드의 하토 페테라 대학(Hato Petera College)에서 풀타임으로 강의를 하고 있는 학자이자 예술가, 일러스트레이터이다. 그녀는 교육 분야에서 20년 동안 활동하고 있으며 초·중등학교 및 대학에서 학생들을 가르쳤다. 그녀의 다양한 교육 배경에는 남아프리카공화국 비트바테르스란트 대학교의 인지 연구 센터에서의 6년간의 연구 활동이 포함되는데, 이곳에서 그녀는 FIE 워크숍 강의를 하였고 중재학습 및 IE에 관한 두 권의 책을 포함한 교육 자원을 개발하는 데 도움을 주었다. 그녀는 이스라엘의 국제 학습 향상 센터에서 포이에르스타인 교수의 지도하에 FIE 및 남아프리카공화국의 인지 연구 센터에서의 LPAD교육을 마쳤다. 그녀는 미술 학사학위와 교육 석사학위를 갖고 있다.

Mervyn Skuy는 포이에르스타인의 이론과 접근방법을 연구하고 가르치는 것을 수년 동안 해 온 임상 및 교육 심리학자이다. 1985년부터 2003년까지 그는 인지 연구 프로그램의 틀 내에서 이를 수행했으며, 남아프리카공화국의 비트바테르스란트 대학교에서 이 프로그램을 설립하고 감독했다. 이 기간 동안 그는 또한 그 대학교의 전문교육 부문 교수이자 책임자였다. 그는 뉴욕의 투로 대학(Touro College)에서 교육심리학 및 특수교육학 교수로 재직했으며, 남아프리카공화국, 미국, 이스라엘, 캐나다 및 프랑스의 다양한 조직 및 목표 그룹에 IE 과정과 중재학습경험을 가르쳤다. 그의 연구는 미국, 영국, 캐나다, 호주, 네덜란드, 남아프리카공화국의 저널과 책에 발표되었다. 그는 현재 비트바테르스란트 대학교의 명예 교수이자 심리학자이며, 포이에르스타인 국제 학습 잠재력 향상 센터(ICELP)의 컨설턴트이기도 하다. 또한 ICELP가 남아프리카공화국에서 수립한 프로젝트 내에서 IE의 교육 및 연구 프로그램 개발에 적극적으로 참여하고 있다.

역자 소개

이경화(Lee Kyunghwa)
숙명여자대학교 교육학과에서 교육심리학 전공으로 박사학위를 취득하였고, 현재 숭실대학교 평생교육학과 교수로 재직 중이다. 한국영재교육학회장, 한국창의력교육학회장을 역임하였으며, 현재 숭실대학교 아동청소년교육센터장, (사)글로벌미래융합교육원 이사장으로 활동하고 있다.

박정길(Park Jungkil)
숭실대학교 평생교육학과에서 교육학 전공으로 박사학위를 취득하였다. 현재 숭실대학교 교육대학원 겸임교수 및 NLP전략연구소장으로 활동하고 있으며, NLP 트레이너이자 전문코치로서 기업과 학교에서 리더십, 코칭, 변화관리에 관한 강의와 코칭도 진행하고 있다.

이동흔(Lee Dongheun)
(사)전국수학교사모임 회장을 맡아 6년 동안 모임을 이끌었으며, 세계수학자대회 조직위원, 수학대중화사업단 연구원, 남강고등학교와 숭문고등학교, 하나고등학교의 교사를 역임하였다. 현재 수학적 사고의 표현방식에 대한 사고 과정을 탐구하고 있다.

최태영(Choi Taeyoung)
국가수리과학연구소와 한국과학창의재단에서 수학 및 수학교육정책과 수학대중화에 관한 연구를 하였다. 현재 경상남도교육청 수학교육연구센터에서 수학교육정책 및 생각과 사고, 성찰에 대한 탐구를 진행하고 있다.

교실 안팎에서 인지 잠재력을 깨우는

연결학습

Bridging Learning Unlocking Cognitive Potential In and Out of the Classroom (2nd ed.)

2019년 2월 25일 1판 1쇄 발행
2023년 10월 20일 1판 3쇄 발행

지은이 • Mandia Mentis · Marilyn Dunn-Bernstein · Marténe Mentis · Mervyn Skuy
옮긴이 • 이경화 · 박정길 · 이동흔 · 최태영
펴낸이 • 김진환
펴낸곳 • (주) **학지사**

04031 서울특별시 마포구 양화로 15길 20 마인드월드빌딩 5층

대표전화 • 02) 330-5114   팩스 • 02) 324-2345

등록번호 • 제313-2006-000265호

홈페이지 • http://www.hakjisa.co.kr
인스타그램 • https://www.instagram.com/hakjisabook

ISBN 978-89-997-1757-4 93370

정가 14,000원

역자와의 협약으로 인지는 생략합니다.
파본은 구입처에서 교환하여 드립니다.

출판미디어기업 **학지사**

간호보건의학출판 **학지사메디컬** www.hakjisamd.co.kr
심리검사연구소 **인싸이트** www.inpsyt.co.kr
학술논문서비스 **뉴논문** www.newnonmun.com
원격교육연수원 **카운피아** www.counpia.com